KB252680

결혼 옵션 세대

반세기의 선택이 만든 저출생 대한민국

결혼 옵션 세대

반세기의 선택이 만든 저출생 대한민국

1판 1쇄 펴냄 2026년 3월 31일

지은이 민세진 · 신자은
발행인 김병준 · 고세규
발행처 생각의힘
편집 박소연 · 봉정하 디자인 이소연 · 김경민 마케팅 김유정 · 신예은

등록 2011. 10. 27. 제406-2011-000127호
주소 서울시 마포구 독막로6길 11, 2, 3층
전화 편집 02)6925-4185 영업 02)6925-4188 팩스 02)6925-4182
전자우편 tpbook1@tpbook.co.kr 홈페이지 www.tpbook.co.kr

ISBN 979-11-94880-58-5 03300

결혼 옵션 세대

반세기의 선택이 만든 저출생 대한민국

민세진·신자은 지음

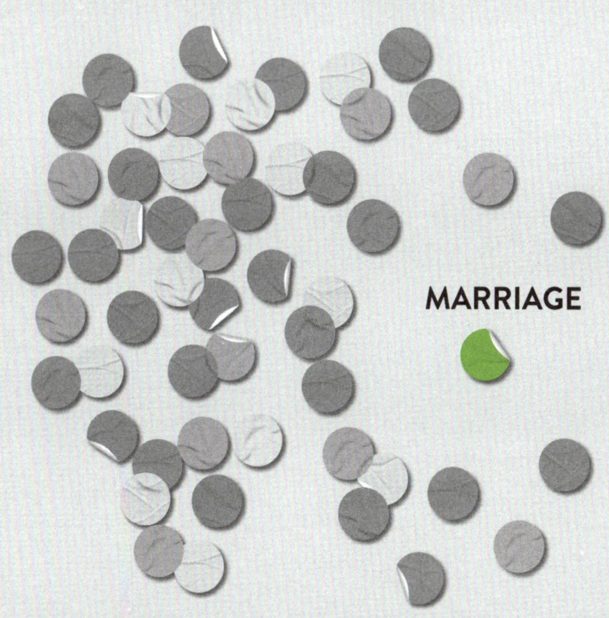

생각의힘

차례

일러두기
이 책에서 인터뷰한 분들의 동의를 받은 경우에는 실명을 사용했고, 그렇지 않은 경우에는 세대별로 가장 자주 지어진 이름을 활용하여 가명 처리했습니다.

머리말

우리가 대학교에 입학한 1993년 여름에 삼성그룹이 대학을 졸업한 여성을 공개 채용하겠다고 발표했다. 포스코(옛 포항제철)가 1990년에 여성 대졸자 공채를 시작했지만, 소위 그룹 단위의 공채로는 삼성이 국내 최초였다. 한국 사회가 고학력 여성을 주류는 아니더라도 지류로라도 받아들일 준비를 시작한다는 신호였는데, 당시에는 그게 무슨 의미인지 우리는 전혀 깨닫지 못했다. 당연히 커리어를 추구하겠다는 의지를 갖고 있었지만, 서울에서 나고 비교적 곱게 자라 학력고사 점수에 맞게 대학교에 진학한 우리는 앞에 놓인 험난한 현실을 제대로 알지 못하고 있었던 것이다.

대학교를 졸업할 무렵 그제야 여성의 취업이 만만치 않음을 깨닫고 자의 반, 권유 반으로 학위 취득의 길을 택했다. 1997년 말에 외환위기가 터져 나라가 부도날 뻔하고 원/달러 환율이 2,000원을 넘나드는 황당한 상황에서 유학을 준비했고, 잔뜩 위축된 마음으로 미국 유학을 시작했다. 박사가 되고 가방끈이 길어진 만큼 자연스레 커리어를 추구하게 되었지만, '남들처럼' 결혼하고 '통념처럼' 두 아이를 출산한 결과는 고행에 가까운 시간의 연속이자 '몸과 마음을 갈아 넣는' 선택의 길이었다.

그렇게 엄마이자 아내로, 또 경제학자로 살아내다 보니, 최근 10여 년의 변화를 무심히 넘길 수가 없다. 이 땅에서 지금처럼 여성의 사회적 지위와 성취를 남녀 없이 공론화한 적이 있었던가. 오랜 역사 속에 여성의 사회적 성취를 가로막던 가정이 이렇게 존재감을 잃은 시절이 있었던가. 이른바 '일-가정 양립'은 이제 여성뿐만 아니라 남성에게도 당연한 기준이 되었다. 아니, 최소한 일-가정 양립을 추구하는 사람들을 직장에서도 사회에서도 두 팔 벌려 환영해야 하는 분위기가 만들어지고 있다.

한국 여성으로 50년 넘게 살아온 우리로서는, 이러한 변화를 반가워 해야 할지 냉소로 응대해야 할지 모르겠는 복잡한 심경이다. 한편으로는 미래에 엄마와 아빠가 되기를 바라는 딸과 아들에게 분명 더 좋은 환경이 만들어지리라는 반가운 마음이 드는가 하면, 다른 한편으로는 일과 가정의 균형과 조화가 중요하고 이것이 개인의 노력만으로는 결코 이뤄질 수 없다는 주장이 오랫동안 있었는데 이제야 호들갑스럽게 각성된 분위기가 편안하게만 받아들여지지는 않는다.

이 책은 개인적 소회를 경제학자의 정체성으로 정리하고, 미래 세대가 행복을 추구하고 자아를 실현하는 데에 사회가 무엇을 바꿔야 할지 공론에 참여하는 마음으로 시작했다.

대한민국은 여성에게 어떤 나라인가? 선뜻 떠오르는 지표들은 부정적이다. 예를 들어 매년 '국제 여성의 날'인 3월 8일 직전에 발표되는 영국 시사주간지 〈이코노미스트The Economist〉의 '유리천장 지수Glass-ceiling Index'를 보자. 서른이 좀 못 되는 OECD 국가들 중 한국은 지수가 발표된 이래 12년 연속 꼴찌를 하다가 2025년에 간신히 꼴찌를 탈출해 끝에서 2등이 되었다. 전 세계를 범위로 하는 또 다른 중요 지표인 세계경제포럼WEF의 '성 격차 지수Gender Gap Index'에서도 한국은 꾸준히 100위 밖에 머무르고 있다.

여성의 대학 진학률이 2010년대 들어 남성을 앞질렀고, 여성이 남성보다 줄곧 오래 살 것으로 기대되었지만, 여성에게 긍정적으로 보이는 이런 현상들조차 전체 맥락을 뒤집을 정도는 아니다. 게다가 여성이 남성보다 고등교육을 더 받는 현상은 많은 선진국에서 공통적으로 나타나고 있고, 여성의 기대수명이 더 긴 것은 세계 어디서나 그렇기 때문에 한국 여성에게만 특징적이라 볼 수도 없다.

한국 사회에서 여성과 남성의 격차는 경제적 측면에서 두드러진다. 유리천장 지수나 성 격차 지수 역시 경제적 격차를 주로 드러낸다. 남성 사이에서도 경제적 격차가 종종 사회적 격차로 전이되는 것처럼 여성과 남성의 경제적 격차는 사회적·정치적 격차로까지 연결된다. 다만 이 격차가 한두 해 일이 아닌데 지금에서야 더 여성의 처지에 주목하는 것이 씁쓸할 뿐이다.

그렇다면 왜 지금 여성의 사회적 지위와 성취라는 문제가 공론화되는 것일까? 그 이유는 여성의 삶의 환경이 열악하다는 점이 국가적 위기의 중요한 원인으로 이어진다는 점에 공감대가 생겼기 때문이다.

바로 저출생 현상이다. 우리나라가 사실상 세계에서 제일 낮은 출산율을 보이면서 2021년부터 인구가 감소하기 시작하자, 왜 결혼하지 않고 왜 아이를 낳지 않는가에 사회적 관심이 쏠린 것이다. 그 결과 남녀가 불평등한 현실도 전혀 다른 무게로 주목받게 되었다. 특히 고학력 여성의 비율이 여성 안에서도, 남성과 비교해서도 높아지면서, 커리어와 가정이 양립하기 어려운 현실에서 여성이 커리어를 선택한 것이 저출생에 불을 지폈다는 인식이 확산되었다.

사실 필자들의 자녀들은 태어나서 지금까지 남녀차별을 거의 모르고 성장했다. 2000년대에 태어난 그들이 유일하게 차별로 인식한 것이라면 초등학교 출석번호가 남자는 1번부터, 여자는 51번부터 시작하는 정도였다(이는 2018년에 국가인권위원회의 권고로 시정됐다). 평등하게 자란 그들의 입장에서는 가정이 가사 분담이나 출산 및 양육에서 성별에 따라 불균등하게 굴러가고 그것이 커리어에 영향을 미칠 것 같으면 가정을 포기할 것이다. 불평등하지 않더라도 출산 및 양육에 대한 절대적 부담이 과하다 느끼면 아이를 낳지 않을 것이다.

저출생 현상의 더 깊은 바탕에는 가정의 존재에 대한 회의가 있다. 과거에는 결혼한 여성이 어떻게 커리어를 병행할 수 있을 것인가에 고민이 있었다면, 지금은 커리어를 당연하게 추구하는 여성이 왜 결혼을 선택해야 하는가로 질문이 바뀌었다. 기본 전제가 가정에서 커리어로 옮겨간 것이다. 2021년 말 꽤 회자된 미국의 비영리 연구기관 퓨 리서치Pew Research의 조사 결과에 따르면, 인

생을 의미 있게 채워주고 만족스럽게 만들어주는 것으로
한국인은 물질적 풍요(19%)를 가장 중요하게 꼽았고, 가
족은 3위(16%)였다. 건강이 가족보다 위였다.

해당 조사는 17개 선진국의 19,000명 가까운 성인
을 대상으로 한 것이었는데, 17개국 중 14개국에서 가장
중요하게 꼽은 요인이 가족이었던 것과 매우 다른 결과
였다.[1] 특히 20대에 초점을 맞춰 보면 가족을 중요하게
꼽은 응답자 비율은 한국에서 3% 정도에 불과했다. 다른
나라의 20대가 친구 등과의 관계를 중요하게 생각하는
비율이 대체로 20%를 넘는 것과 달리, 우리나라 20대는
그 비율도 3%로 낮았다. 가족이든 친구든 인간적 관계에
부여하는 가치가 다른 선진국에 비해 확연히 낮은, 각자
도생의 집합체인 한국의 민낯이 드러난 것이다.

고질적인 남녀 격차, 가족의 가치 하락, 그리고 그
결과로 나타난 저출생 현상을 관통해서 우리가 주목한
측면은, 앞선 세대의 경험과 삶의 모습을 다음 세대가 간
접 체험한다는 것이다. 어머니 아버지의 관계가 평등하
지 않으면 평등하게 자란 자녀 세대라도 가정을 이룰 경
우 불평등한 관계에 놓일 것이라는 불안감을 가질 수 있
다. 직장에서도 선배 세대의 모습이 어떠한가가 아직 커
리어와 가정에 대해 확고한 인식이 없는 세대에게 큰 영

향을 미친다.

그러한 차원에서 클라우디아 골딘의 책《커리어 그리고 가정》은 우리에게 중요한 영감을 주었다. 생각의힘 출판사에서 2021년에 번역·출간한 책이다. 경제사학자이자 노동경제학자인 골딘은 여성의 노동시장 성과에 대한 이해를 발전시킨 공로로 2023년에 노벨경제학상을 수상했다. 여성 단독으로는 최초의 수상이었다.《커리어 그리고 가정》은 두 가지 점에서 우리가 한국판 오마주를 쓸 결심을 하게 했다. 첫째, 미국 대졸 여성의 커리어와 가정 형성에 대한 한 세기에 걸친 데이터를 통해 단기 데이터로서는 잡아낼 수 없는 시야를 제공했다는 점과 둘째, 대중적 설득력이 있는 비교적 쉬운 책이라는 점이다.

우리 책에서는 데이터가 허용하는 가장 이른 출생 집단인 1955년생부터, 2020년대 중반 현재 30대를 구성하는 M세대의 1996년생까지 여성 대졸자를 대상으로, 그들의 커리어와 가정 형성의 서사를 풀어간다. 골딘이 한 것처럼 여성 대졸자의 경제활동 참가와 결혼 선택 비율을 기준으로 네 개의 집단으로 나눌 수 있었다. 각 집단에 대해서는 통계 데이터와 집단에 속한 여성들과의 집중적인 인터뷰를 담아 분석적이면서도 생생한 이야기를 담고자 노력했다.

　1집단은 1955~1964년생 집단으로, 대졸자의 비율이 낮기도 하지만 대졸자라도 경제활동참가율이 낮고 결혼은 대부분 한 특징이 있다. 해당 출생 집단에서 대학교를 나오고 결혼하고 일도 한 여성은 각 연도마다 100명 중 2~6명에 불과했다. 이들에 대해 '소수의 각자도생'이라고 별칭을 붙인 이유다. 2집단은 1965~1974년생 집단이고, 10년 단위로 볼 때 현재 가장 인구가 많은 '베이비부머 2세대'에 해당한다. 이들은 학력 수준의 비약적인 신장이 있었고 이에 따라 경제활동 참가도 1집단에 비해 대폭 늘었지만, 결혼하고 출산하며 가사를 전담하는 전통적인 성 역할에서 자유롭지 못했다. 따라서 이들에게는 '커리어와 가정의 고단한 공존'이 숙명 같았다.

　3집단인 1975~1984년생은 이른바 'X세대'로 학력 수준이 높아지고 경제활동 참가가 더욱 확대되었지만, 그렇게 성장한 여성의 출산과 양육을 지원할 사회적 인프라가 부족했던 터라 '경력 단절의 시작'이 나타난다. 이들을 잇는 4집단 1985~1996년생은 남성의 대학 진학률을 넘어서고 경제활동 참가가 기본값이 되지만 뚜렷하게 결혼을 후순위로 미루는 '결혼은 옵션' 세대이다. 4집단은 1집단의 자녀 세대로서, 결혼보다 커리어를 중시하는 성향에서 부모 세대인 1집단과 선배 세대인 3집단의

　　　　　　　　　　　　　　　　　결혼 옵션 세대

영향이 느껴진다.

오늘의 문제는 현재만 들여다봐서는 원인도 해법도 알 수 없다. 또한 현재 결혼하고 출산할 수 있는 세대에만 집중한다고 저출생 문제가 해결되지 않는다. 더욱 중요한 것은 국가적 위기 해결에만 초점을 맞춰 청년들을 압박할 것이 아니라, 각자가 행복을 추구하고 자아를 실현하려는 본성에 충실한 결과 다수가 커리어와 가정을 모두 선택할 수 있는 환경에 진심을 쏟는 것이다. 이러한 관점으로 책의 마지막 장을 저출생 현상을 진단하고 정책 방향을 모색하는 데 할애했다. 이제 진정으로 변화를 이끌어 낼 만큼 바닥을 쳤다는 긍정적 사고로 희망을 찾고자 한다.

이 책은 처음부터 여러 사람의 생생한 목소리를 담는 것에 기획의 초점을 뒀다. 섭외가 쉽지 않았고 욕심만큼 많은 목소리를 접하지는 못했지만, 책의 기획에 공감하고 인터뷰를 통해 진술한 개인사와 생각을 나눠주신 서른두 분께 마음을 다해 감사를 전하고 싶다. 책의 진실성을 높인 점에서 실명 공개를 허용하신 분들에게 특별하게 감사한 마음이지만, 진짜 속사정을 드러내 책 내용을 풍부하게 해주신 익명의 대담자들에게도 정말 감사하다. 그들의 이야기를 다 담지 못해 아쉬웠고, 더 잘 담지 못한 우리 재주의 한계가 안타까웠다.

골딘의 책을 출간한 '생각의힘'에서 이 책이 나오게 되어 진심으로 감사하다. 출판사의 애정과 격려, 건설적인 조언으로 결과물을 낼 수 있었다. 의욕만 가득하고 일-가정 양립이 항상 도전적 현실인 우리에게 '생각의힘'은 큰 추진력이자 버팀목이었다.

머리말의 마지막은 6장의 마지막 부분과 결을 같이하여 마무리하고자 한다: 이 책은 후배 세대와 미래 세대의 꿈과 희망을 지키고 싶은 선배이자 엄마의 마음을 소리치고자 썼다. 국가의 위기를 걱정하는 경제학자이기보다는, 비록 힘겨웠지만 커리어와 아이들이 있어 스스로 소중한 존재임을 깨달은, 그 행복을 아이들도 알게 되기를 바라는 엄마의 진심이었다. 이 진심이 서로 낯모르는 독자에게도 닿기를 바란다.

1장

반세기의 굴곡

왜 커리어가 중요한가

돌아보면 2000년대 중반까지만 해도 '커리어 우먼'이라는 표현이 꽤 쓰였던 것 같다. 사무직이나 전문직에서 일하는 여성을 가리키는 말이었고, 종종 '당당한'이란 수식어가 붙었다. 여성의 사회 진출이 활발하지 않던 시절 '커리어'를 추구하는 여성은 상대적으로 소수였지만, '커리어 우먼'에는 그 소수에 대한 긍정과 응원이 담겨 있었다.

'커리어career'는 보통 '경력'으로 번역된다. 하지만 단순히 겪어 지내온 직업의 목록만을 의미하지 않는다. '개발'이나 '구축'이라는 단어와 이어 쓰이는 경우가 많은 것에서 알 수 있듯이, 커리어는 더 나은 직무를 향한 장기간의 발전 과정을 담고 있다. '일자리job'와 구분되는, 연속성의 의미가 있는 것이다. 커리어를 쉽게 번역하기 어려운 이유가 여기에 있다.

커리어가 그 시작과 과정, 끝에 이르는 여정을 포괄하다 보니 여성에게 커리어가 보편적으로 추구할 수 있는 대상이 된 것은 선진국에서도 20세기에나 들어서였다. 여성에게는 역사적으로 오랫동안 집안의 관리와 출산 및 육아의 역할이 기대되어왔기 때문이다. 또한 커리어는 자아실현 차원뿐만 아니라 경제적인 자립 능력을 키우고 이것이 가족 안에서 그만의 목소리를 가질 수 있는 바탕이 된다는 점에서 다분히 정치적이고 사회적이며 문화적인 매개체이다.

역사상 최초의 '커리어 우먼' 후보에는 크리스틴 드 피잔Christine de Pizan(1364년경~1430년경)이라는 저술가가 있다. 중세 시대에 여성 저술가라니 특이하지만, 그는 25세에 남편이 사망하면서 어머니와 세 아이를 부양하기 위해 저술 활동을 시작했다. 아버지가 프랑스 왕실 의사였던 덕분에 당시로서는 드물게 교육을 받았던 것이 도움이 되었다. 그는 문학사에서 탁월한 인물이자 서구 세계 여성 작가들의 선구자로 일컬어지는데, 그의 작품은 시, 전기, 자서전, 정치 및 철학 논평 등 다양한 장르에 걸쳐 있다.

한국 여성이 커리어를 고려한 것은 언제부터일까? 일찍 잡아도 근대화 시기부터라고 볼 수 있을 것이다. 김점동(박에스더, 1877~1910년), 차미리사(1879~1955년), 김마리아(1891~1944년), 나혜석(1896~1948년) 등이 의미 있는 활동으로 이름을 남긴 인물로 지금도 거론된다. 그러나 1910~1945년 일제 강점기와 1950~1953년 한국전쟁을 고려하면 20세기 전반까지 여성의 커리어 추구는 결코 일상적이지 않았다.

다행히 1955년생부터는 통계를 통해 여성의 경제활동을 파악할 수 있다. 1980년 '경제활동인구조사'에서 성별, 연령별 경제활동 여부를 파악하기 시작한 것이다.[1] 일제 강점기에 시작된 인구총조사에서 성별로 문맹 여부나 취업 유무를 조사한 적이 있긴 하지만, 제대로 분석을 할 만한 자료가 나온 것은 1980년부터다.

1980년이면 1955년생이 25세, 1960년생이 20세인

해다. 국제적으로 생산가능인구를 15세 이상부터 집계하지만, 근래 우리나라의 높은 대학 진학률을 고려하면 교육 기간을 감안해서 25세 이후의 경제활동 상태에 주목하는 것이 여러 세대를 어느 정도 수평적으로 비교할 수 있어 합당하다. 더구나 한국전쟁이 1953년에 멈추었으니, 1955년생부터라면 비록 나라는 가난해도 비교적 평화로운 환경에서 성장한 것으로 볼 수 있다. 따라서 이 책에서는 1955년생부터 쫓아가 보기로 한다.

대략 지난 반세기의 한국 여성의 경제활동을 살펴보면 20대, 특히 20대 후반에 드라마틱한 변화가 나타난다. 1955년생 이후를 5년 단위로 묶었을 때의 경제활동참가율이 20대 전반(20~24세)에는 출생연도와 상관없이 50~60%대에 몰려 있는 데 반해, 20대 후반(25~29세)에는 앞 세대는 30%대에서 최근 세대는 70% 가까이까지 크게 벌어진다. 20대 전반에서 후반으로 이행할 때 엄청난 폭풍이 부는 것이다.

폭풍의 양상은 출생 집단별로 다르다. 1955년부터 1970~1974년 출생 집단까지는 20대 전반에 일단 전 고점을 찍고 20대 후반에 경제활동참가율이 급감한다. 1975~1979년 출생 집단부터는 20대 전반보다 20대 후반에 경제활동참가율이 더 높다. 이들의 경제활동참가율은

30대 전반에 떨어지긴 하지만, 그 변화가 이전 출생 집단보다는 덜 급격하다.

이것이 그 유명한 'M자형 커브'로 이어진다(**그림 1**).[2] M자형 커브는 여성의 경제활동참가율을 연령대별 그래프로 그렸을 때 M자 모양과 비슷하여 붙여진 이름이다. 경제활동참가율이 10대 후반에서 20대 전반으로 갈 때 치솟았다가 20대 후반이나 30대 전반에서 푹 꺼지고, 이후 다시 올라갔다가 나이가 들면서 점차 낮아지는 것이다. 특히 60세 이후에 남녀 모두 경제활동이 제도적 이유에서라도 급격히 떨어지기 때문에 꽤나 선명하게 M자가 나타난다.

이는 남성의 경제활동참가율이 10대보다는 20대에 높고 30대에 더 높아진 후 유지되다가 은퇴 연령 무렵부터 꺾여 내려오는 '뒤집어진 U자형'을 보이는 것과 구분된다. 한국과 일본의 여성 경제활동이 M자형 양상을 보이는 것으로 알려져 있었는데, 일본이 2015년 즈음 M자형 커브를 벗어난 데 이어 우리나라에서도 아주 최근에 푹 꺼지는 지점이 거의 사라지긴 했다.[3]

M자형 커브의 원인은 명확하다. 여성의 결혼과 출산이 20대 후반에서 30대 전반에 몰리면서 그 시기 경제활동이 급격히 감소하기 때문이었다. 커리어의 의미를

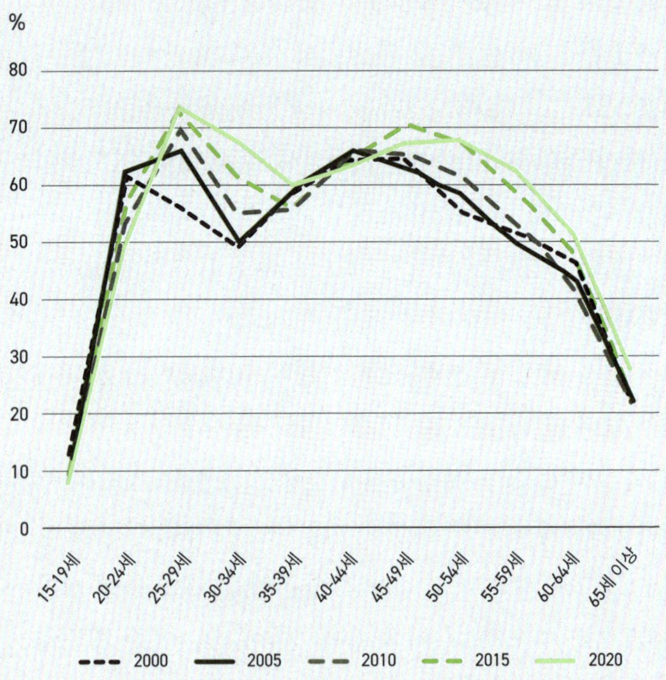

자료: 통계청 KOSIS 경제활동인구조사

되짚어볼 때, 경제활동을 시작하고 5년이나 10년 이내에 끊기는 일자리를 커리어라고 부르기는 어렵다. 경제활동이 곧 끊길 거라 예상하면, 애초에 평생을 두고 개발해나가겠다는 결심 없이 일자리를 선택했을 가능성도 높다. 따라서 한국 여성에게 가정에 대한 선택은 커리어에 대한 선택과 떼려야 뗄 수 없는 관계를 보였다. 결국 한국 여성의 커리어를 논하려면 결혼 및 출산을 같이 이야기할 수밖에 없다.

누가 커리어를 추구하는가

현재 중년 이상의 출생 집단에서 M자가 뚜렷이 나타나는 것이 대다수가 커리어를 추구하지 않았기 때문이라고 해석한다면, 젊은 집단에서 M자가 흐려진 것은 그 반대 해석, 즉 젊은 집단의 여성이 더 적극적으로 커리어를 추구하기 때문이라고 보는 게 타당할 것이다. 앞서 언급한 것처럼 커리어는 자아실현일 뿐만 아니라 경제적인 자립 능력을 제공할 수 있고, 경제적 능력은 특히 성인이 자유롭게 의사 결정을 할 수 있기 위한 기본적인 요소다.

그렇다면 누가 커리어를 추구하는가, 또는 추구할 수 있는가 짚어봐야 한다. 사실 반세기에 걸쳐 여성의 경제활동 변화를 논하면서 모든 세대가 동질적이라 기대하는 것은 무리다. 더구나 대한민국처럼 다이내믹한 나라에 살면서 말이다. 가장 중요한 변화의 요소는 교육이다. 여성이든 남성이든 장기적인 커리어 개발을 지향한다면 고등교육을 받는 것이 든든하다. 커리어 개발이 고학력자만의 전유물은 아니더라도, 고등교육을 받는다면 커리어에 대한 고민을 자연스럽게 하게 된다. 그러한 맥락에서 학력의 변화를 파악하는 것은 의미가 있다.

〈그림 2〉는 30~34세 시기의 각 출생 집단별 여성의 학력 수준 추이를 보여준다. 20대일 때의 학력 수준을 보지 않은 것은 학업을 늦게 마칠 가능성을 고려했기 때문이다.

그림을 보면 한국 사회에서 여성의 학력 수준이 얼마나 빠르게 변했는지 알 수 있다. 중졸 이상 고졸 이하의 학력자는 1955~1959년 출생 집단에서는 74%에 달했는데, 1985~1989년 출생 집단에서는 16% 정도로 급격히 떨어진다. 반면 전문대학 이상의 학력자는 12%대에서 84%까지 올라갔다.

중요한 분기점으로 1985년에 도서 지방부터 시작된 중학교 의무교육을 들 수 있다. 1970~1974년 출생 집단이 중학생 무렵일 때다. 이미 도시에서는 여자

〈그림 2〉 여성의 출생 집단별 30~34세 시점의 학력

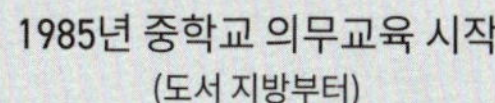

1985년 중학교 의무교육 시작
(도서 지방부터)

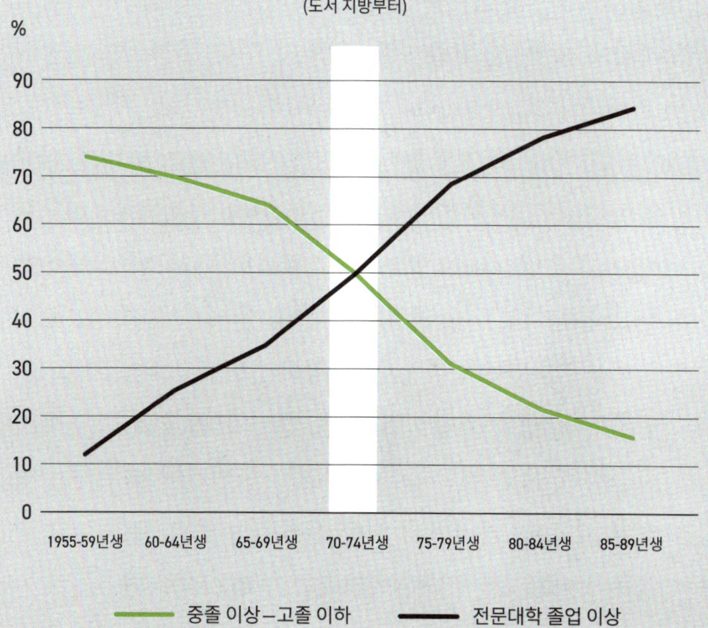

%
90
80
70
60
50
40
30
20
10
0
1955-59년생   60-64년생   65-69년생   70-74년생   75-79년생   80-84년생   85-89년생
중졸 이상–고졸 이하   전문대학 졸업 이상
자료: 통계청 KOSIS 인구총조사

도 중학교 진학이 일반적이었기 때문에 도시에서 먼 섬
지역부터 의무교육을 시행한 것이 여성의 학력 증진을
가속한 것으로 보인다. 전문대학 이상 학력자 비중이
1970~1974년 출생 집단 이전에도 증가하고 있었지만,
중학교 의무교육 시행 이후로 더 가파르게 증가한 것이
다. 1970~1974년 출생 집단에서는 전문대학 이상 학력
자가 중졸 이상 고졸 이하 학력자 수를 넘어서는 일종의
'골든 크로스golden cross'도 나타났다.

사실 대학 진학률이 높지 않았을 때는 남녀에 상관
없이 고졸도 충분히 높은 학력이었다. 예를 들어 1954년
에 조흥은행(2006년 신한은행에 합병)에 입사한 장도송은
부산 동래여고를 졸업하기도 전에 성적 우수 학생으로서
입행이 결정되었다.[4] 남성들 중에서도 상고나 공고를 졸
업하고 평생의 커리어를 쌓은 경우가 많았다. 그럼에도
불구하고 한국인의 학력이 비교적 단기간에 빠르게 신장
했기 때문에, 커리어에 대한 선택을 여성 전체를 놓고 관
찰하여 세대 간 비교하는 것에는 무리가 따른다.

따라서 이 책에서는 대졸 여성에 초점을 맞추었다.
더 구체적으로는 시대가 흐름에 따라 대졸 여성의 커리
어와 가정에 대한 선택이 어떻게 바뀌는지 볼 것이다.

대졸 여성에 초점을 맞춘 이 책의 접근은 클라우디

아 골딘의 책 《커리어 그리고 가정》으로부터도 영향을 많이 받았다. 골딘은 대졸 여성에게 초점을 맞추는 이유가 '(대졸 여성이) 여성 중 커리어 성취의 기회가 가장 많았던 집단'이고 '최근 몇십 년 사이에 (미국의) 대졸 여성 인구가 크게 증가했기 때문'이라고 언급했다.[5] 대졸 여성 인구의 증가에 대해서는 '2020년 현재 미국 25세 여성 중 45%가 4년제 대학을 졸업했거나 졸업을 앞두고 있다'고 했다.

한국의 경우 〈그림 2〉에서 본 것처럼 이미 1985~1989년 출생 집단의 전문대학 이상 학력자가 84%까지 올라갔으니, 한국 여성에 대한 이 책이 대졸 여성에 초점을 맞추는 것은 과하지 않다.[6] 비록 앞 세대에서는 '당시의 고학력자'에 대한 이야기를 놓치는 부분이 있겠지만, 1955년생부터 반세기가 넘는 서사를 풀려는 이 책에서는 최대한 세대 간 차이를 좁혀 놓고 시작하기 위해 학력 기준을 맞추기로 한다.

본격적인 이야기를 시작하기 전에, 우리의 어머니, 할머니의 이야기를 잠깐 하고자 한다. 데이터로 나타내기 어렵지만 우리 모두에게 중요한 그들이기 때문이다.

여성은 항상 일하고 있었다

태고 이래 여성이 일하지 않았던 적은 없다. 전기, 수도, 가스, 그리고 생활가전제품이 등장하기 이전까지, 기본적인 의식주 해결을 위한 일은 휴일이나 휴게시간 없이 반복됐다. 출산은 생물학적, 사회적 숙명이었고, 아이를 키우는 일 또한 여성의 삶을 통째로 담보 잡은 '일'이었다. 그러나 이러한 일은 금전적으로 보상되지 않고 사회적으로 경시되었으며, 여성이라는 성 정체성에 부여된 의무로 여겨졌다.

근로기준법이나 사회보험제도가 아직 존재하지 않던 때였으니 사회의 무관심 속에 연장자와 남성이 주도하는 가정의 요구에 따라 자신에게 부여된 일들을 그저 묵묵히 해내는 고단한 삶이 여성의 숙명이었다. 따라서 일하는 엄마는 과거에도 지금만큼 흔했다. 그리고 가부장적 유교 문화 아래 기회에서 배제된 여성들이 감내했어야 할 일과 가정이란, 그 부담이 지금보다 덜 했을 리 만무하다.

책을 쓰기 시작하면서 고양시에 위치한 국립여성사 전시관을 다녀왔다.[7] 무거운 학술적 접근이나 해석이 덧붙여지지 않은, 있는 그대로의 여성의 삶을 어디서 찾아볼 수 있을지 감이 오지 않았기 때문이다.[8] 마침 2023년 특별 전시의 주제가 '키우다-모두 함께 한 육아'였다. 우리 사회의 전통에서는 육아가 여성만이 아니라 가족 구성원과 지역 공동체 모두의 책임이었다는 점을 강조하기 위한 기획이었다.

농사일을 주업으로 하는 전통사회의 대다수 사람들에게 가정과 일터의 공간적 구분이나 가족 구성원의 역할 분담은 명확하지 않았다. 아이들의 양육 또한 지금처럼 영양, 안전 수칙, 아동보호법, 정규 교육 등을 의미하지 않았다. 집안의 어른들이 마을 사람들과 논밭일을 하는 동안 동네 아이들은 곁에서 일을 거들거나 나이 많은 형, 언니 인솔 하에 온 동네를 놀이터 삼아 시간을 보냈을 거였다. 지금과는 삶의 형태도, 부모의 노동과 근로조건도, 무엇보다 양육과 교육의 의미가 완전히 달랐을 때다. 전시회는 이 시기를 '전통사회, 일터에서 함께 키우다'라고 묘사했다.

일제 강점기에 근대적 육아법이 전파되면서 독립 수면, 규칙적 수유, 단 것 안 먹이기, 아기 목욕법이 신문 기사로 나올 정도로 광범위한, 소위 신민 교육이 이루어졌다. 이 당시의 여성 교육은 아이를 잘 키우고 남편을 내조할 역량을 키우는 것이 목적이었고, 교육 이념이 '현모양처'였다.[9]

1920년대에 이르면, '직업 부인'이 등장한다. 일정한 직업을 갖고 보수를 받는 여성을 지칭하는 당시 용어다. 직업의 종류는 가사 사용인, 카페 여급, 백화점 종업원('데파토걸'), 직물이나 옷, 신발 등의 제조업 공장 근로자, 타이피스트, 전화 교환수, 버스 안내원('뻐스걸'), 기자, 교사 등 제한적이었지만, 전통사회에서의 여성의 일과는 그 결이 완전히 달랐다. 이들은 또한 잡지 〈신여성〉의 주인공이었다. 전시회 도감은 이 시기를 '일하는 엄마, 그 이중고의 역사'라고 부른다. 이 책의 주제와도 크게 다르지 않다. 무려 100년이 지났는데도 변하지 않은 무언가가 있는 것이다. 도감에 실린 〈신여성〉 1933년 1월 호 비혼 여성 좌담회 내용을 그대로 옮겨본다.[10]

대담자: 여학교 선생님으로 가끔 결원이 생겨나는데, 결혼하기 때문일까요?

여성1: 결혼해서 어린애가 생겨나기 때문이겠지요. 남편이 좋아하는 수가 많지 않아요. 대개는 남편이 아내를 직업 선상에 내보내기를 꺼려하는 것 같아요. 가정이란 여자 천직에 속한 것이지요.

여성2: 가정에 들어가서, 가정 일을 해내면서 사회 일을 한다면 훨씬 더 훌륭할 테지요. 우리는 가정에서 해야만 할 일이 더 많으니까요.

여성3: 완전한 가정은 주부에게 달렸다고 봅니다.

아내가 직업 부인이 되는 것이 남편들에게는 탐탁지 않은 사회 분위기, 결혼을 해서 아이가 생기면 직장을 그만두게 되는 현실, 가정은 여자의 천직이고 완벽한 가정은 주부의 책임이라는 인식. 여성 1, 2, 3의 이야기에 대한 반응은 각자 다를 것이다. 중요한 건 이 대담의 내용이 지금의 대한민국 여성 모두에게 여전히 어떤 방식으로든 생생한 현실성을 갖는다는 점이다.

일터가 집 근처 논밭에서 회사와 공장으로 바뀌고, 근로시간이 규격화되어 시간 사용의 유연성이 사라지면서, 여성의 고민은 일이냐 가정이냐 혹은 어떻게 두 가지를 다 해낼 것이냐로 수렴했다. 이 고민에서 남성들 스스로는 자유로우면서도 여성들의 고민과 선택에는 영향력을 발휘했다. 일과 가정이 유독 여성에게만 인생을 건 분투, 각자도생의 문제가 된 이 현상은 이렇게 윗세대로부터 내려와서 그 뿌리가 깊이 그리고 멀리 뻗어있다.

위의 대담이 있고 50여 년이 지난 1987년이 되어서야 남녀고용평등법이 제정되었다. 그 후로도 40년 가까운 시간이 흘렀음에도 이제야 여성의 일-가정 양립이 우리 사회의 핵심 화두이다. 다른 모든 것에서는 세계 최고로 빠른 대한민국이 왜 이 지점에서만 이렇게 느린 것일까.

우리는 모두가 서로 다르다

이제 본격적으로 한국 대졸 여성의 커리어와 가정에 대한 반세기 동안의 선택을 살펴보자. 골딘의《커리어 그리고 가정》처럼 이 책에서도 출생 연도에 따라 비교적 같은 특성을 갖는 사람들을 '집단'으로 묶어 이야기를 풀어가려 한다. 사실 사람은 어떻게 집단을 나누어도 그 안의 각자가 제각기 다르고 모든 특성을 공유하지는 않는다.

그럼에도 불구하고 긴 기간에 걸친 큰 흐름을 읽어 내려면 어느 정도 타협하고 집단을 나눌 수밖에 없다. 이 책의 관심사는 대졸 여성의 커리어와 가정에 대한 선택이므로, 이를 1차적으로 보여줄 수 있는 경제활동참가율과 미혼율을 통해 집단을 나눴다.[11]

결론적으로 말하면, 이렇게 집단을 나눈 결과는 우연인지 필연인지 인구·사회학에서 이 시기 출생 집단을 나눈 결과와 일치했다. 일반적으로 1955~1964년생이 베이비부머 1세대, 1965~1974년생이 베이비부머 2세대,

〈그림 3〉 세대 구분과 대졸 여성 집단과의 관계

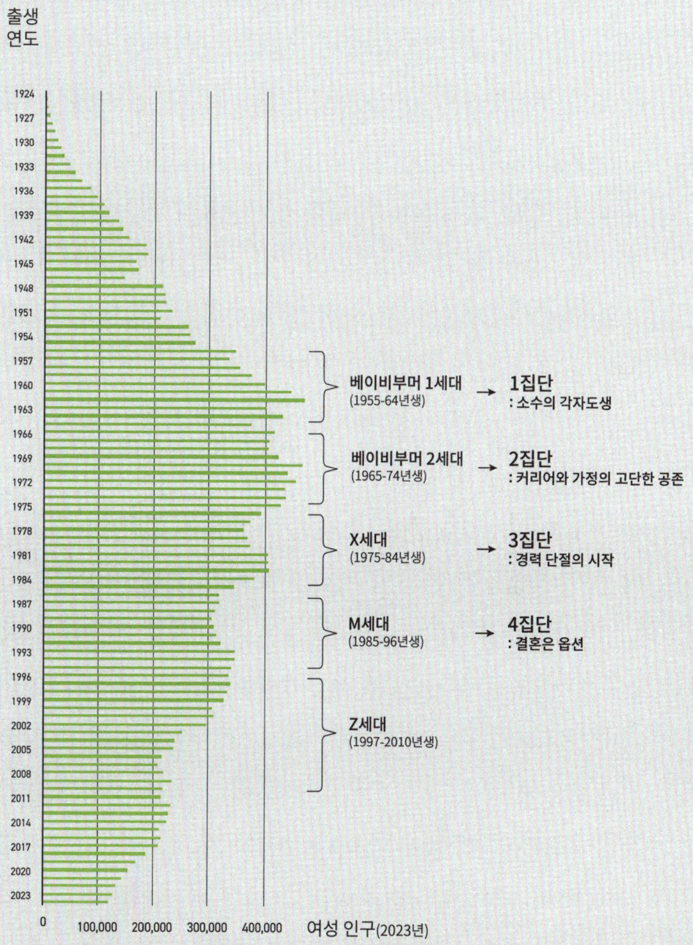

자료: 통계청 KOSIS 추계인구

1975~1984년생이 X세대, 1985~1996년생이 M(밀레니얼)
세대로 불리는데, 저자들이 대졸 여성을 경제활동참가율
과 미혼율 기준으로 나눴을 때도 같은 결과가 나온 것이
다. 따라서 인구·사회학에서 사용하는 명칭을 그대로 따
를 수도 있겠지만, 이 책의 관심사에 초점을 맞춘 이름
짓기를 시도했다. 데이터 분석과 문헌 연구, 각 집단 여
성들에 대한 인터뷰를 종합하여 이 책에서는 각 세대를
'1집단: 소수의 각자도생', '2집단: 커리어와 가정의 고
단한 공존', '3집단: 경력 단절의 시작', '4집단: 결혼은
옵션'이라 부르기로 한다(그림 3).[12]

이러한 집단 구분과 이름 짓기의 근거가 된 대표적
인 데이터가 〈그림 4〉에 나타나 있다. 한국 여성의 커리어
선택에 상당 기간 전제 조건처럼 작용한 결혼과, 결혼한
여성의 경제활동 참가의 변화를 보여주는 데이터다.

〈그림 4〉의 (가)는 대졸 여성이 집단별로 각 연령대에
배우자가 없는 비율을, (나)는 배우자가 있는 대졸 여성의
경제활동참가율을 보여준다. 배우자가 없는 대졸 여성은
경제활동에 매우 적극적이기 때문에 기혼 여성의 경제활
동참가율만 따로 뽑은 것이다. 이 두 개의 잣대로 나눈 네
개 집단의 이야기는 대한민국의 과거 반세기뿐만 아니라
앞으로의 모습에 대해서도 중요한 시사점을 줄 것이다.

<그림 4> 대졸 여성의 배우자가 없는 비율과 기혼자의 경제활동참가율 추이

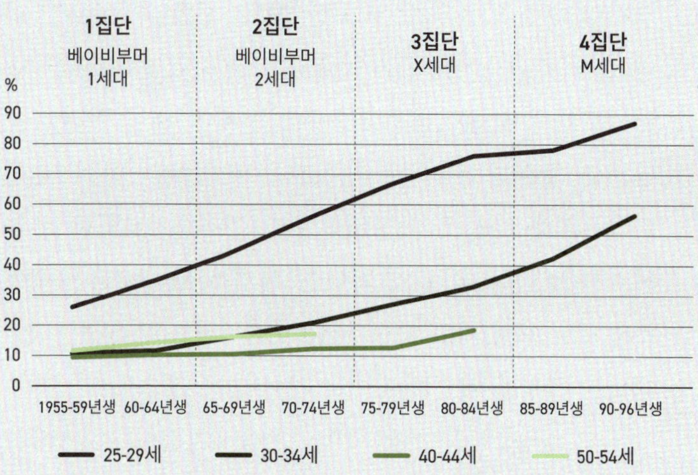

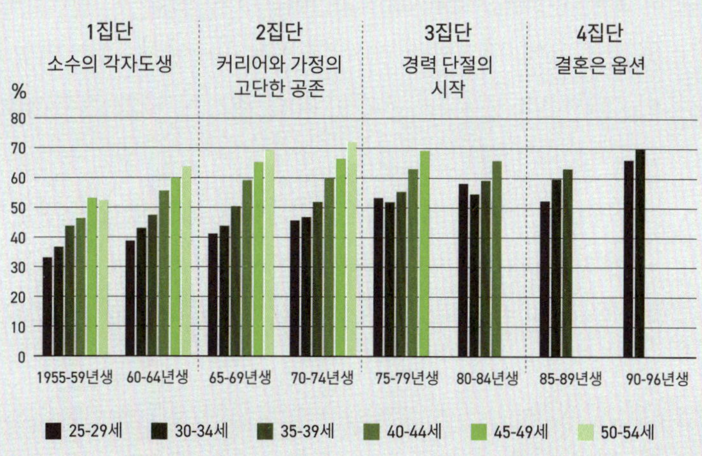

자료: 통계청 KOSIS 경제활동조사

1집단: 소수의 각자도생 (1955~1964년생)

베이비부머 1세대인 1955~1964년생은 대졸(4년제 대학 기준) 비율이 높지 않다. 전반인 1955~1959년 출생 집단의 대졸 비율은 10%가 안 되고, 후반인 1960~1964년 출생 집단도 이 비율이 20%가 안 되었다. 그렇다 보니 이 책에서 베이비부머 1세대 전체에 대한 이야기를 담지는 못한다. 그러나 대학교를 졸업했든 하지 않았든 이 세대 여성들은 공통적으로 '결혼은 당연'한 상황에 직면했었다. 이들의 자녀가 대체로 M(밀레니얼)세대(1985~1996년생)이고, 그 자녀들에게 '결혼은 옵션'인 상황과는 극명한 대조를 보이는 것이다.

1집단 앞쪽의 1955~1959년 출생자들의 경우 대학교를 졸업한 25~29세 연령에서는 배우자가 없는 비율이 25%에 불과했다. 네 명 중 세 명은 결혼한 것이다. 물론 (**그림 4**에는 나타나지 않는) 대졸 미만 학력 여성의 배우자가 없는 비율에 비해서는 대졸 여성의 배우자가 없는 비율이 높았지만 말이다. 1집단이 30대 전반이 되면 열 명 중 아홉 명은 결혼한 상태였다.

1집단 여성의 대부분은 이렇게 30대 전반까지 결혼을 마치고, 적극적으로 커리어 추구에 나서지 않았다. 못했다는 말이 더 맞을 것이다. 1집단 기혼 여성의 20대 후반 경제활동참가율은 30%대에 머물렀다. 30대 전반에도 40% 안팎이다. 대졸 비율이 높지 않은데 결혼은 대부분 했던 점을 감안하면, 대학교를 나오고 결혼하고 일도 하는 여성은 100명 중 2~6명 수준이었다. 우리가 1집단을 '소수의 각자도생'으로 부르는 이유다.

여성의 대학교 진학이 일반적이지 않았던 시절, 명문이라 불리던 경기여고, 이화여고, 진명여고, 숙명여고를 나오고도 결혼하고 대학교에 가지 않거나, 대학교를 가고도 결혼하여 자퇴하는 일이 빈번했다. 이화여자대학교는 입학 자격을 갖추기 위해서는 '미혼 여자'여야 했고, 재학생이 결혼할 경우에는 총장이 제적하도록 규정하고 있었다.[13] 당시 이화여대생들은 3~4학년에 약혼하고 졸업하는 해에 결혼하는 것이 일반적이었다고 한다. 우리가 인터뷰한 여성들은 이렇게 결혼이 우선이던 시절에 대학교에 진학할 수 있었던 이유로 "어머니가 깨인 분이어서"라고들 답했다. 그러나 깨인 어머니들도 결혼은 필수라고 종용하셨다.

1집단의 경제활동이 저조한 이유에는 선택할 수 있는 커리어가 매우 제한적이었다는 현실도 있다. 기업에서 대졸 여성을 뽑기 시작한 것이 1990년대부터였으니 이는 1집단이 모두 대학교를 졸업한 이후다. 그렇다면

1집단은 무엇을 택했을까? 우리가 인터뷰한 여성들이 꼽은 그 시절 선택지는 문과는 기자, 국가고시, 이과는 의사, 약사였다. 공통적으로 교사가 그나마 가장 넓은 길이었다고 말한다. 문과가 압도적으로 많았고 이들이 대학교를 다닌 1970년대 후반에서 1980년대 전반은 청년 지식인이 정부에 가진 반감이 높을 때라, 교사나 기자를 지망하지 않으면 대학원 진학을 택했다는 것이다. 물론 결혼은 한 후였다.

산업으로서는 금융권이 상대적으로 여성에게 문이 넓은 편이었다. 창구에서의 대면 서비스가 중요하다 보니 젊은 여성 인력에 대한 수요가 분명했고, 경제가 성장하면서 그 수요도 꾸준히 증가한 것이다. 대부분은 고졸 출신이었는데 이 중에 임원급까지 커리어를 쌓은 소수가 나왔고, 드물지만 대졸로 경력을 시작하여 임원이 된 경우가 2010년대에 등장했다.[14] 2012년 당시 한 언론사에서 조사한 금융권의 여성 임원 현황을 보면, 4대 금융지주와 IBK기업은행을 합쳐서 총 16명의 여성 임원 중 한 명을 제외하고 모두 1집단 연령대였다. 대졸자는 7명이었다.

딸의 고등교육을 응원한 1집단의 어머니들은 딸의 커리어 추구에도 대부분 헌신적이었다. 비록 소수였지만

1집단의 기혼자로 커리어를 추구한 여성들은 부모님, 특히 친정어머니가 아이를 키워주신 경우가 많았다. 딸이 '일하느라 밖으로 도는 것이 사돈에게 미안한 일'이라는 인식이 만연하던 때였다.

2집단: 커리어와 가정의 고단한 공존 (1965~1974년생)

1집단 이후의 출생 집단을 보면, 25~29세 때 배우자가 없는 비율은 5년마다 10%포인트 안팎으로 뛰기 시작한다. 2집단의 경우 그래도 30대 전반에 다섯 명 중 네 명이, 40대 전반에는 열 명 중 아홉 명이 결혼한 상태가 된다. 뒤로 미뤄지긴 했지만 결혼은 여전히 으레 하는 것이었다.

그러나 2집단의 경제활동 참가는 1집단에 비해 훨씬 활발해졌다. 35~39세 즈음에는 반 이상이 일을 하고 있었다. 2000년대 들어 '여풍'이 거세졌다는 보도가 나오면서 관리직의 여성 비율도 올라갔다고 하는데, 2집단의 이야기이다. 30인 이상 사업체들을 대상으로 조사했을 때 대리급 이상의 관리직에서 여성의 비율이 2005년에 10%를 넘어섰다.[15]

그렇다고 해도 2집단의 커리어 선택 폭이 크게 넓었

던 것은 아니다. 포스코(옛 포항제철)와 삼성그룹에서 여성 대졸자 공채를 시작한 해가 각각 1990년과 1993년인데, 2집단의 1967년생과 1970년생이 N수·휴학 없이 졸업한 해다. 포항제철에서 설립한 포항공과대학교가 첫 신입생을 받은 해가 1987년, 이들이 4학년이 된 해가 1990년이다. 포항공과대학교의 첫 입학 정원 249명 중 여성은 12%인 30명이었는데, 이들이 졸업하는 때에 맞춰 포스코에서 여직원 공개채용을 시작한 것이다.

이러한 현실을 바꿔 말하면, 민간 기업으로의 취직은 2집단에게 여전히 일반적인 선택지가 아니었다는 뜻이다. 금융권의 여성 직원은 여전히 고졸이 대부분이고 유니폼을 입어야 하는 게 현실이었다. 남자 직원은 사복으로 양복을 입을 때 말이다. 1999년에 설립된 금융감독원에서 국회에 파견 나간 여성 직원이 한복을 입고 국회 의전 업무를 봤다는 경험담도 있다.

삼성의 대졸 여성 공채 1기 김정미는 1992년에 처음 입사 원서를 받으러 갔을 때 담당자가 "군필이에요?"라고 묻더니 원서를 주지 않았다고 한다.[16] 그 직후에 원서를 받으러 오라는 연락을 받았고 천신만고 끝에 입사를 했다. 이런 환경이다 보니 기업보다는 사법고시나 행정고시 같은 국가고시 지원자가 오히려 많았다.

1981년 사법고시 합격 정원이 300명대로 늘어나고 1987년 민주화 이후 사회 분위기가 바뀌면서 주요 대학의 법학과에 여성 비율이 높아지고, 여성 법조인이 '폭발적'으로 늘었다는 보도도 나왔다.[17] 그럼에도 불구하고 1995년 사법고시 전체 합격자 308명 중 여성은 8.8%인 27명에 불과했다. 그 수치는 10년 후인 2004년에 전체 1,009명 중 24.4%인 246명으로 증가한다.[18] 행정고시의 경우는 그 비중이 더 높아서 2004년 합격자 중 38.4%가 여성이었고, 수석도 여성이 차지했다.[19] 2004년이면 2집단의 막내 1974년생이 서른 살일 때다. 이처럼 2집단에서는 주요 고시에서 여성 합격자 비중이 급격히 높아졌다.

김경희는 1993년 말 발표된 행정고시 37회 합격자로 2023년에 기획재정부의 첫 여성 1급 공무원이 되었다. 사무관부터 국장까지 여성 최초 타이틀을 여섯 번 달고, 1급 공무원이 됨으로써 일곱 번째 타이틀까지 달게 되었다. 그는 커리어를 시작할 당시 대기업에서는 대졸 여자를 공채로 뽑지 않아서 기자나 공사 입사도 고려했는데, 그중 '가장 공정한 길을 선택'했다고 회상했다.[20]

경제활동이 늘었지만 이들의 현실은 녹록치 않았다. 1집단에서 우리가 인터뷰한 여성들은 대부분 육아에서 친정이나 시댁 부모님의 도움을 받았다. 2집단에서는 친지의 도움과 육아 도우미, 어린이집의 이용이 뒤섞여 나타난다. 그리고 상당수는 버티지 못하고 커리어를 떠났다. 버티지 못한 데에는 '롤 모델'이 될 선배가 전혀 없었던 까닭도 있었다. 많은 직업 현장에서 그들은 첫 여성이었고 누구도 간 적 없는 황량한 길을 개척했다.

1990년에 시작된 포스코 여직원 공개채용 1기로 입사한 오지은은 2007년 2월 광양제철소 1도금공장장이 되어 포스코 역사상 첫 여성 공장장이 되었다.[21] 이화여대 화학과를 졸업하고 대학원 입학을 준비하다 부모님이 공채 신문기사를 오려 보여주시고 원서까지 직접 구해주셔서 지원하게 되었다고 한다. 본인은 결혼을 하지 않았지만, 같이 입사한 여자 동기들 대부분이 결혼과 육아로 회사를 떠났다고 했다.

그럼에도 불구하고 2집단의 경제활동참가율은 연령이 올라가면서 증가했다. 버텨낸 사람들에게 그 앞길은 '커리어와 가정의 고단한 공존'일 수밖에 없었다.

3집단: 경력 단절의 시작 (1975~1984년생)

3집단에서는 40대 전반 미혼율이 올라가기 시작하고, 무엇보다 '경력 단절'이 명확하게 나타난다. 20대 후반의 경제활동참가율보다 30대 전반이 낮아진 것이다. 사실 3집단의 20대 후반 사회 진출은 괄목할 만한 수준이었다. 예를 들어 1981년생이 N수·휴학 없이 졸업하는 해인 2004년의 국민은행 대졸 신입사원 공채에서는 처음으로 여성 합격자가 남성보다 많았다.[22]

이들이 난관 없이 취업했던 것은 아니다. 기업에 지원한 경우 서류나 직무 관련 시험에서는 여성 합격자가 남성보다 많지만, 면접 등의 과정에서 이른바 '남성 쿼터제'를 운영하여 남성을 우대한다는 보도가 나오기도 했다.[23] 20대 후반 여성의 경제활동참가율이 처음으로 50%를 넘어섰으나, 30대 전반이 되자 경제활동을 중단하는 사람들이 많아졌다.

이렇게 경력 초반에 높았던 경제활동참가율이 금세 떨어지는 M자형 커브는 앞서 이야기했듯이 대졸만이 아닌 전체 여성을 놓고 보면 이전 출생 집단부터 명확하게 나타나던 현상이었다. 그러나 대졸 여성으로 한정한 1집단과 2집단에서는 연령이 올라갈수록 경제활동참가율이 올라갔다. 결혼과 육아로 회사를 떠난 여성들이 많았다지만, 전체적으로 보면 그래도 연령이 높아지면서 경제활동참가율이 높아졌고 경력이 끊기는 양상이 데이터로 보이지 않았다. 그렇다면 왜 3집단에서 비로소 '경력 단절의 시작'이 나타난 것일까?

3집단이 순차적으로 30대 전반을 맞는 시기는 2005~2015년이었다. 우리나라의 대표적인 여성 관련 국책 연구기관인 한국여성정책연구원에서 '경력 단절'이 제목에 들어간 연구보고서가 처음 나온 게 2008년이다.[24] 시대 분위기를 잘 포착한 것이다. 보고서에 따르면 30~35세의 대졸 여성이 경제활동을 하지 않는 가장 빈번한 이유는 육아인데(74%), 육아 때문에 경제활동을 하지 않는다고 응답한 비율이 그전 출생 집단보다 올라갔다. 고학력일수록 '자녀교육이 일보다 더 중요해서' 직장을 그만 두는 비율이 높았다.

하지만 육아에 대한 책임감이 3집단에서 갑자기 올라갔을 리는 없다. 3집단의 경력 단절은 역설적이게도 어린이집 같은 보육시설이 늘고 조부모 등의 친인척 도움이 상대적으로 감소하면서 발생한 것으로 보인다. 0~4세 영유아 인구 대비 전국의 어린이집 재원 비율은 2001년에는 23%에 불과했으나, 2005년에는 40%에 육박하고 2015년에는 63%가 되었다.

또 다른 국책 연구기관인 육아정책연구소에서 2012년에 실시한 전국보육실태조사에 따르면, 외벌이 가구의 0~4세가 어린이집에서 보육되는 비율은 41%인 데 비해 맞벌이 가구의 어린이집 보육 비율은 63%였다. 맞벌이 가구에서 어린이집 이용 여부와 상관없이 0~4세 양육을 조부모가 도와주는 경우는 55%였다. 맞벌이 가구가 늘면서 '황혼 육아'에 지원이 필요하다는 논의도 시작된다.[25] 55%가 높아 보이지만 뒤집어 보면 45%는 조부모 도움을 받지 못했다는 뜻이다.

이 수치들에서 대졸 기혼 여성의 경우만을 가려낼 수는 없지만, 3집단은 이들이 원했든 원하지 않았든 친정 부모나 시부모의 도움을 상대적으로 적게 받았고 보육시설을 더 많이 이용했다. 대졸 여성의 절대수가 늘고, 비록 결혼하는 비율이 줄어들긴 했지만 기혼 여성의 경제활동참가율이 높아지는 데 따른 불가피한 변화였다.

우선 고학력의 맞벌이 부부가 늘어나는데, 모든 할머니·할아버지가 육아를 감당할 여건은 아니었을 것이다. 고학력 맞벌이 부부는 주로 서울·수도권에 살아서, 친정이나 시댁이 지방이면 육아에 도움을 받기 쉽지 않았다. 할머니·할아버지의 연세가 이전 집단보다 점점 더 많아지는 것도 무시 못할 변화였다. 1집단 여성은 출산할 시점에 부모님이 40대인 경우도 있었으나, 3집단 여성의 경우에는 그 부모님이 50대 후반에서 60대였다. 다른 한편으로는 이전에 비해 개성을 존중받고 성장한 X세대가 자녀 양육에서 부모의 도움을 바라지 않았을 수도 있다.

결과적으로 이러한 환경은 당시까지만 해도 주양육자로서 책임감을 강하게 갖는 여성의 경력 단절을 부추겼다. 3집단이 아이들을 힘겹게 키우며 결국에는 버티지 못하는 모습을 4집단은 생생하게 목격했을 것이다.

4집단: 결혼은 옵션 (1985~1996년생)

M세대인 4집단에서는 20대 후반에 배우자가 없는 비율이 80%가 넘고, 30대 전반의 이 비율도 이전 세대에 비해 급격히 올라갔다. 사실 통계 수치로 '아직 결혼을 안 한 것'인지(미혼未婚)와 '아예 결혼을 안 할 것'인지(비혼非婚)를 구분할 수는 없다. 그러나 3집단에서 이미 40대 전반까지 결혼하지 않은 비율이 높아진 것은 비혼의 증가라고 보인다. 2025년부터 4집단이 40대에 들어서기 시작했다. 40대 전반 배우자가 없는 비율의 상승세가 유지된다면 미혼이든 비혼이든 40세 전반에 결혼하지 않은 비율은 4집단 후반에 30%를 넘어설 것이다. 진정 '결혼은 옵션'이 된 것이다.

4집단의 이러한 변화는 몇 가지 사실에서 단초를 찾을 수 있다. 일단 이들은 유소년기에 IMF의 구제금융을 받게 되는 외환위기를 맞았다(**그림 5**). 고도성장 이후 전례 없는 정리해고로 많은 가정이 경제적 어려움을 겪었고 이혼이 급증했다. 평생직장의 신화도 깨지면서, 경제적 문제 해결이 최우선이 되고 안정적 일자리에 대한 선호가 매우 강해졌다. 4집단이 결혼보다는 내가 먹고사는 문제가 더 중요하게 느껴지는 환경에서 성장했다는 뜻이다.

또한 4집단의 또래 남녀의 인구 차이도 무관하지 않다. 동아시아 문화권의 남아 선호 사상은 그 뿌리가 깊지만, 태어날 때 성별을 인력으로 바꿀 방법은 없었다. 가족계획사업의 유명한 표어 "아들딸 구별 말고 둘만 낳아 잘 기르자"가 1972년, "잘 키운 딸 하나 열 아들 안 부럽다"가 1978년에 등장한 배경에는 아들 낳을 때까지 아이를 낳으니 인구가 너무 늘어난다는 인식이 있었다.

그런데 1980년대에 산전 초음파 검사가 도입되면서 출생 성별을 결정할 수 있게 되었다. 슬프게도 1984년부터 출생 성비가 급격히 올라가서 1995년에는 여아 100명당 남아가 117명 태어난다. 1987년 개정 의료법에 '태아 성 감별 행위 등 금지' 조항을 포함시켰는데도 그랬다.[26] 그 결과 1980년대 후반부터 15년 동안 매년 남아가 3만 명 이상, 5만 7,000명까지 더 태어난다.

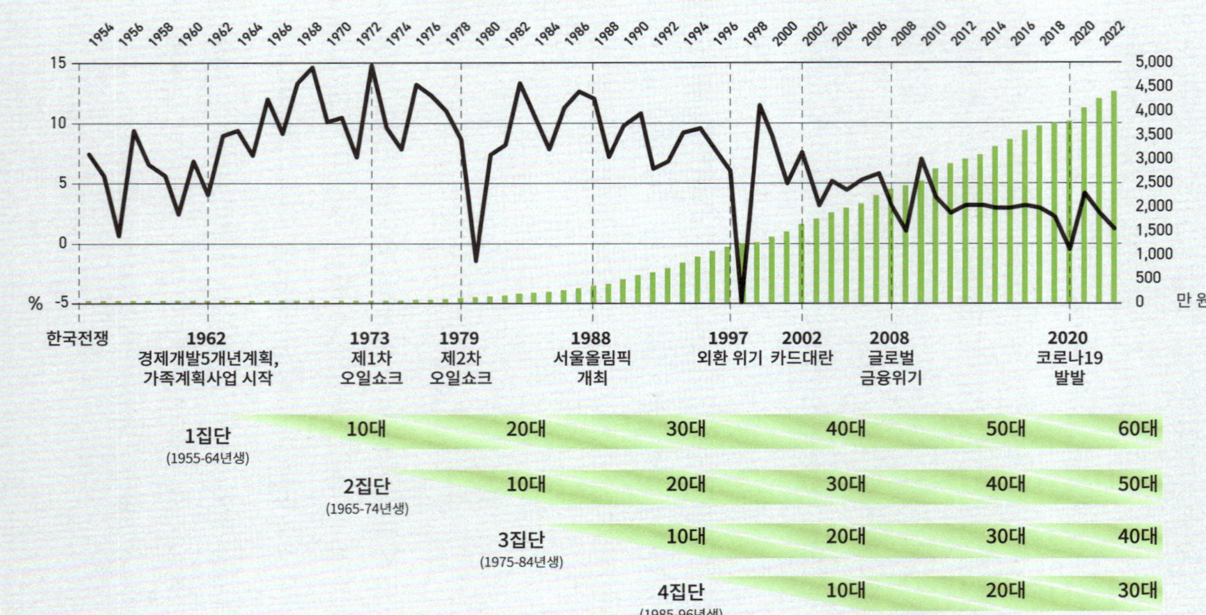

1인당 국민총소득(명목, 원화표시)
경제성장률
1954 1956 1958 1960 1962 1964 1966 1968 1970 1972 1974 1976 1978 1980 1982 1984 1986 1988 1990 1992 1994 1996 1998 2000 2002 2004 2006 2008 2010 2012 2014 2016 2018 2020 2022
15
10
5
0
% -5
5,000
4,500
4,000
3,500
3,000
2,500
2,000
1,500
1,000
500
0
만 원
한국전쟁
1962
경제개발5개년계획,
가족계획사업 시작
1973
제1차
오일쇼크
1979
제2차
오일쇼크
1988
서울올림픽
개최
1997
외환 위기
2002
카드대란
2008
글로벌
금융위기
2020
코로나19
발발
1집단
(1955-64년생)
10대 20대 30대 40대 50대 60대
2집단
(1965-74년생)
10대 20대 30대 40대 50대
3집단
(1975-84년생)
10대 20대 30대 40대
4집단
(1985-96년생)
10대 20대 30대
자료: 한국은행 경제통계시스템

〈그림 5〉 주요 경제 상황

남자가 많으면 여자가 결혼하기 더 쉽지 않나 생각할 수도 있지만, 이들이 사실은 매우 평등하게 성장했고 특별히 결혼을 해야 한다는 의무감을 주입받지 않았다는 게 중요하다. 일단 대학 진학률의 남녀 격차가 4집단에서 사라졌다. 대학 진학률은 2000년대 초부터 남녀 모두 빠르게 상승했다. 1995년부터 대학 정원이 급격하게 증가했기 때문이다(대학 설립 준칙주의 시행).[27]

4집단의 시작인 1985년생이 대학교에 입학하는 2004년 대학 진학률이 여성은 58%, 남성은 66%였는데, 4집단의 끝 무렵인 1994년생의 대학 진학률은 여성이 68% 수준으로 남성을 다 따라잡았다. 이 시기에 공교롭게도 대학 입시에서 수시전형의 정원 비중이 대폭 증가하고 입학사정관 제도도 시작되었다(2007학년도). 2015년부터는 여성의 대학 진학률이 남성을 추월하여 계속 더 높은 상태를 유지하고 있다.

출생 시기의 남녀 차별이 노골적이었던 것에 비해 교육의 불평등이 사라진 것은 역설적인 면이 있다. 그 배경을 이해하기 위해서는 4집단의 부모, 특히 엄마의 특성에 주목할 필요가 있다. 4집단의 엄마들은 대부분 1960년대에 태어났다. 이들의 생애는 대학 진학률과 경제활동참가율이 모두 낮고, '전업주부'가 대세였으며, 남편의 학력이나 사회적 지위가 더 높은 이른바 '상승혼 hypergamy'이 표준이었다. 그러다보니 가정사에서도 시댁과 남편의 영향력이 컸다. 1993년생 딸을 둔 한 남성 지인에 따르면, 첫째로 딸이 태어나니 부모님이 아내에게 "괜찮다, 다음에 아들 낳으면 되지"라고 하셨단다.

그래서 기형적인 출생 성비가 나타나긴 했지만, 엄마들은 딸을 평등하게 키웠다. 아들처럼 투자하고 가르치고 대학에 보낸 것이다. 그리고 당당하게 성장한 딸에게 "너는 꼭 결혼할 필요 없다"는 인생의 교훈을 준다. 본인과는 다른 삶을 딸이 살기를 바라면서.

동등해진 학력이 장작과 같았다면 비혼의 불씨가 된 것은 2010년대 중반부터 주된 사회 갈등으로 떠오른 젠더 갈등이다. 그 이전에 남녀 갈등이 표면화된 주목할 만한 사건에는 1999년 '제대군인 지원에 관한 법률'이 위헌 결정을 받은 것이 포함된다. 해당 법률에서 문제가 된 내용은 7급 및 9급 공무원 시험, 공기업 취업 응시자 중 군대를 다녀온 사람에게 추가점수를 부여하는 것이었다. 전체 직장이 대상도 아니고 군대를 다녀오지 않은 남자나 장애인에게도 불평등한 내용이었지만, 의무 복무를 한 대부분 남자들에게는 그나마 있던 보상이 사라지는 충격이 컸다. 하지만 외환위기 이후 경제 회복이 급선무

였던 2000년대만 해도 젠더 갈등이 주된 사회 문제로 부각되지는 않았다.

그러나 경제성장이 예전 같지 않고 많은 여성이 대학에 진학하여 취업 시장에서 남성과 경쟁하게 되자 갈등이 표출되었다. 여성들은 교육은 동등하게 받았는데 남성보다 취업하기 어렵고, 신체적 안전은 여전히 완전하게 확보되지 못한 데다 성폭력 등에 대한 처벌은 약하다는 인식을 가졌다. 남성의 입장에서는, 어려서 학교를 다니기 시작하면서부터 여성보다 나은 대접을 받은 게 없는데 여성은 여전히 소수자로 보호받고, 무엇보다 여성은 안 가는 군대를 가야 한다는 박탈감이 컸다.

안정적 직업에 대한 선호가 높아지다 보니 일부 여자대학교에 있는 의·약대, 법학전문대학원이 갈등의 소재가 되기도 했다. 전체 정원이 정해져 있는데 여대에 이런 대학이나 대학원이 있으면 남성은 기회를 박탈당한다는 주장이었다. 실제로 2013년에는 이화여자대학교 법학전문대학원에 대해, 2018년에는 여자대학교의 약대 정원에 대해 헌법 소원이 청구된 사례가 있었다. 두 건 모두 기각되었으나 이로 상징되는 갈등은 더욱 첨예해졌다.

여자 중고생의 필독서가 된 《82년생 김지영》이 출간된 해가 2016년이다. 소설은 3집단의 이야기이지만 4집단은 직접, 간접으로 3집단 선배들의 경력 단절을 목격했다. 커리어를 추구하기도 만만치 않은데 결혼하면 집안일에, 출산, 육아까지 '독박'을 쓴다는 불안감, 거기에 젠더 갈등까지… 결혼의 입지는 점점 줄고 있다. 2010년대 초반 1.2 이상을 유지하던 합계출산율도 4집단이 30대에 접어들기 시작한 2015년부터 다시 떨어져 2018년에는 1 아래로 내려가고 만다.

미래와 희망

출산율이 이렇게 떨어지지 않았어도 커리어를 추구하는 여성의 고난이 국가적 차원의 관심사가 되었을까? 일할 사람이 줄고 돈 쓸 사람이 줄면 나라 경제가 쪼그라든다는 위기의식이 없었어도 기성세대가 청년의 삶에 관심을 보였을까? '일-가정 양립' 정책이 추진되고 '청년기본법'이 제정되는 등의 변화는 한편으로는 다행이지만 다른 한편에서는 냉소를 자아낸다. 게다가 국가의 존립에 대한 문제라고 요란하게 얘기한들 정작 결혼하고 출산할 당사자에게는 최악의 경우 분노를 일으킬 수 있다.

2006년 시작된 '저출산고령사회 기본계획'은 5년씩 진행되어 2025년에 제4차 기본계획이 끝났다. 20년 동안

429조 원이 넘는 예산을 투입했다. 제1차에서 제3차까지는 출산 장려와 무관한 정책까지 쓸어 담은 수준이어서 크게 좋은 평가를 받지 못했다. 2020년에 시작된 제4차 계획에 와서야 난임이나 주택 마련, 보육비 등의 지원뿐만 아니라, 일-가정 양립에 방점을 찍고 육아휴직 급여와 남성 육아휴직의 확대, 휴직 기간 연장, 육아휴직에 따른 불이익 금지, 보육 인프라 확충이 눈에 띄게 진행되었다. 문제는 2020년에 코로나19가 시작되었다는 사실이다. 모든 사회적 관계가 중단되고 돌봄과 공교육도 문을 닫는 초유의 사태에 결혼도 출산도 어려워졌다.

그러다 반전이 일어난다. 2024년 하반기부터 출생아 수가 반등한 것이다. 대내외적 경제 사정도 좋지 않고, 마지막에는 계엄이라는 충격이 있었음에도 전년 같은 시기 대비 출생아 수 증가는 2025년에도 이어졌다. 따라서 2026년 시작되는 제5차 저출산고령사회 기본계획을 위해서도 무엇이 이러한 반전을 일으켰는지 이해하는 것이 중요해졌다.

세 가지 가설이 있다. 첫째, 기저 효과다. 코로나19 기간 동안 최소한의 인간적 교류는 물론이고 결혼식 같은 행사를 치루기도 어려웠는데, 그러한 제한이 풀리면서 결혼도 늘고 출산도 늘었다는 해석이다. 만약 기저 효과가 맞으면 코로나19 기간을 3년 정도로 봤을 때 길게 잡아 2028년 상반기 정도까지는 출생아수 반등이 유지될 것이다.

둘째, 정책 효과다. 저출산고령사회 기본계획을 이행하는 '저출산고령사회위원회'는 출생아 수 반등이 그저 반갑고, 그것이 정책에 따른 효과임을 당연히 부각하고 싶어 한다. 기본계획 덕분에 일-가정 양립에 대한 인식이 생기고 직장 문화나 근로 조건, 제도적 환경이 개선된 것은 사실이다. 그러나 과연 출산율 반등이 정책 효과일까? 기본계획만 20년을 운영해온 지금쯤에는 어느 정책 요소가 효과가 있었는지, 얼마나 있었는지 면밀히 분석하고 효과 좋은 정책들에 집중할 필요가 있다. 하던 대로 계속하기만 하기에는 나라 재정도 여유롭지 않고 무엇보다 저출생 문제에 시간 여유가 없기 때문이다.

마지막으로 '인구 파도'이다. 2020년대 중반 기준으로 출산의 핵심 주체인 30대, M세대는 그들 자신이 출생아 수 반등의 주인공이었다. 앞의 **〈그림 3〉**에서 볼 수 있듯이 M세대가 태어난 1985~1996년의 출생아 수는 1987년에 저점을 지나고 1992년까지 늘었다가 다시 하락하기 시작한다. M세대에서 Z세대로 이어지는 구간에서 눈에 띄는 파도가 일어나는 것을 볼 수 있다. 이들은 합계출산율이 지속적으로 떨어지고 있는 중에도 많이 태어났던 것인데, 그 부모 세대인 베이비부머 1세대가 말 그대로 많이 태어난 집단이기 때문이다. M세대가 잠재적 부모가 된 2020년대 중반에 출생아 수 반등이 일어난 것은 우연이 아닌 것이다. 인구 파도 덕분이라면 2030년대 중반까지 어느 정도 반등 효과를 기대할 수 있다.

세 가지 중 어느 것이 더 중요한지를 지금으로서는 판단하기 어렵다. 다만 2020년대 중반이 인구정책의 골든타임, 어쩌면 마지막 반전의 기회인 것은 확실하다. 기저 효과를 발판 삼아 제대로 된 정책이 실행된다면 인구 파도에 힘입어 출생아 수 증가폭이 커지길 기대할 수 있는 것이다. 바라건대 이 과정에서 결혼과 출산, 가족을 이루는 데 대한 패러다임의 전환이 생긴다면 합계출산율 자체의 반등도 가능하다. 물론 너무 많은 '만약'이 걸려 있지만 말이다.

다시 원점으로 돌아가 보자. 국가가 사람이 필요하다고 강조하는 것은 문제를 악화시킬 뿐이다. 지난 반세기는 일하면서 아이를 키우는 것이, 모든 것을 감수할 각오와 용기를 갖춘 자의 좁은 길이었지만, 이제는 일, 결혼, 출산, 육아에 관한 수만 가지 조합 중 나에게 최선을 고를 수 있는 넓은 길의 자유가 영위되어야 한다. 청년의 선택이 갖는 사회적 의미가 어느 때보다 중요하지만, 역설적으로 이들의 선택을 완벽히 존중하는 사회적 태도의 전환이 상황을 반전시킬 수 있다.

이제 지난 반세기 대한민국 여성의 삶의 흐름을 따라가 보려고 한다. 미래와 희망을 맥락을 갖춰 이야기하기 위함이다. 반세기의 굴곡은 통계자료의 숫자들로는 짐작할 수 없는 역동 그 자체였다. 영웅담에 가까운 그들의 서사를 함께 만나보자.

CAREER
MARRIAGE

소수의 각자도생:
1집단(1955~1964년생)

전환기적 세대의 탄생

1집단이 태어날 무렵인 1948년, 우리 사회의 여성 지위는 첫 번째 도약을 시작했다. 3월에 여성에게 참정권이 부여되고, 2개월 만인 5월 10일 제헌의회에서 임영신이 최초의 여성 의원으로 당선된다. 임영신 의원은 8월 15일에 대한민국 초대 상공부 장관으로 임명되었다. 7월 17일 제정된 헌법은 남녀평등의 원칙을 담았다. 여성 활동에 대한 법적 기반이 마련된 것은 이후 여성의 일이 생계를 위한 의무에서 자아실현과 사회적 영향력을 수반하는 커리어로 거듭나는 데 중요한 사건이다. 여성 30여 명이 간호장교로서 소위로 임관하며 여군이 창설된 해도 1948년이다.

여성의 중요한 법적 권리가 비교적 무난하게 확보된 것은 우리 사회가 처한 특수한 상황 때문이었다. 일제강점기의 강제 동원과 한국전쟁으로 가구주는 물론 일을 할 수 있는 연령대의 남성들이 강제적, 자발적으로 집을 떠났고, 상당수는 돌아오지 못했다. 사망을 확인하든 실종으로 생사를 알 수 없든 또는 부상으로 인해서든, 많은 가정에서 여성이 실질적으로 가계를 책임져야 했다.

한국전쟁 정전을 앞두고 1953년 5월 1일에 공포된 근로기준법은 이러한 현실에서 탄생했다. 이 근로기준법에는 산전산후 1개월 이상의 유급휴가와 유급생리휴가 등 모성 보호, 여성 근로자에 대한 사용자의 차별금지가 명시되어 있었다. 현실은 법률의 이상과 많이 달랐고, 많은 여성들에게 법 제정 전후의 차이가 미미했을지라도, 경제활동에 참여하는 여성들의 존재를 인정하고 그들의 권익을 보호하는 법적 근거로서의 근로기준법은 그 의미가 작지 않았다.

국가 차원에서 전쟁 이후 무너진 경제를 복구하기 위해 일할 사람이 필요했는데, 남성이 부족한 자리를 채울 사람은 여성이었다. 또한 30만 명에 달하는 전쟁미망인의 생계 수단이 마련되어야 할 현실적인 이유가 있었다. 국가에서 재봉틀, 편물기를 제공하고 기술을 가르쳐서 여성이 해당 업종에 취업하도록 장려한 건 이런 배경에서였다. 직물, 옷, 장신구, 신발 등을 만드는 경공업은 노동집약적인 데다 당시 주요 수출 산업이어서 일할 사람이 많이 필요했다. 게다가 이러한 경공업에서 요구하는 작업들이 전통 사회에서 여성이 해오던 일과도 유사성이 있었으므로 여성들이 진출하기에 적합했다.

1958년과 1959년에는 가족법과 호적법도 개정되어 중혼이 금지되고 일부일처제가 법에 명시됐으며 여성의 상속권도 인정되었다. 경제적으로뿐만 아니라 사회와 가정에서 여성의 지위와 권리가 확립되는 긍정적인 변혁의 시기에 1집단이 출생한 것이다. 노동시장과 가정에서 여성의 법적 지위가 실질적으로 향상된 것과 1집단의 경제활동참가율이 나이가 들수록 올라가서 결과적으로 50%를 넘게 된 것은 무관한 일이 아닐 것이다.

대한민국의 현대사는 격변기가 아닌 적이 없지만, 1집단 여성은 특히 법적, 경제적, 사회적 여건이 급변한

시기에 태어났다. 그들의 경제활동, 결혼, 출산 등의 의
사결정은 어머니 세대와는 확연히 다를 수밖에 없는 상
황이었다. 또한 그들의 선택이 교육 수준의 향상, 경제활
동의 증가, 만혼과 비혼의 증가, 출산율의 하락 등 이후
세대에서 나타나는 특성을 태동시켰다는 점에서 그들을
진정한 전환기적 세대라 부를 수 있다.

대학교, 소수의 특권

"어머니가 맏딸이고 동생들이 많으셨어요. 다들 대학교
를 갔는데 우리 어머니만 못 가셨대요. 그래서 굉장히
가슴 아파하셨고, 나는 4남매인데 남녀 차별 전혀 없이
우리를 키우셨어요. 어머니가 늘 하시던 말씀이 '나는
너희 사과 한 개도 4분의 1씩 똑같이 나눠 먹였다'예요.
그래서 내가 대학교를 진학하는 것에 대해서는 별 어려
움이 없었어요."

우리가 인터뷰한 이인실 전 통계청장은 여성 100명
중 6명만이 대학교를 마치던 시절에 대학교 진학을
할 수 있었던 이유로 어머니의 의지를 들었다. 1집단

　　　　　　　　　　　　　

이 1955~1964년 출생 집단이니, 이들의 어머니 세대는 1930~1940년대 출생일 가능성이 높다. 1장에서 만난 잡지 〈신여성〉의 '직업 부인'이 1920년대 등장했으므로 1집단의 할머니 세대 일부는 신여성이었을 것이고, 1집단의 어머니 세대는 신여성이거나 신여성을 동경하는 앞 세대 이모와 언니들을 보며 성장했을 것이다. 어머니 자신도 신여성이 되기를 꿈꿨을지도 모른다. 하지만 직업 부인이 될 기회는 용감한 혹은 운이 좋은 소수에게만 가능했을 뿐, 대다수는 전통적 성 역할에 머무는 것이 최선의 선택지였을 것이다.

우리가 인터뷰한 1집단 여성들 모두 대학교를 나왔고 그럴 수 있었던 이유로 부모님, 특히 어머니의 의지를 꼽았지만, 직업을 가진 어머니는 안 계셨다. 은행에서 오래 일한 한 분은 진학과 커리어 선택에서 어머니의 역할을 이렇게 기억했다.

"어머니는 이런 말씀을 많이 하셨어요. 본인이 살던 시대하고 내가 사는 시대는 굉장히 많이 다를 거다, 여성이라도 경제적으로 독립해야 된다고 항상 주장을 하셨죠. 그래야 자존감 있는 삶을 살 수가 있다고요. 어머니 세대는 전혀 그러지를 못하셨으니까요. 그래서 내 일을 갖고, 한 인간으로서 독립적으로 살고 싶다는 생각을 많이 했어요. 어려서부터 책을 많이 읽다 보니까 그런 개념은 굉장히 확고했어요."

1집단은 일제 강점기에 출생하고 성장하여 한국전쟁을 겪은 부모 세대와는 확연히 다른 사회경제적 조건을 갖고 있었다. 1집단이 경험한 경제성장률은 유소년기에 연평균 10.9%(1965~1969년), 청소년기에 연평균 10.4%(1975~1979년)에 달했다. 1962년에 시작된 제1차 경제개발 5개년 계획은 대한민국을 바꿔놓고 있었다.

또한 1집단은 베이비부머 1세대로, 1945년 독립과 1950~1953년 한국전쟁 시기를 지나면서 사망률은 급감하고 출산율은 고공행진을 해서 인구가 급격히 증가한 첫 세대다. 서양의 베이비붐 세대가 제2차 세계대전이 끝난 1945년 직후 시작된 것과 비교하면 우리나라는 한국전쟁으로 인해 10년 정도 늦은 셈이다.

경제개발계획 차원에서 출산율을 낮추려는 가족계획사업도 시작되었지만[1] 1960년대 초반에 시작되어서 1집단 전반부(1955~1959년생)는 크게 영향 받지 않았다. 1960년 합계출산율은 6.0명, 1955년~1960년 연평균 인구증가율은 3%였다. 그야말로 인구 보너스의 시대였고,[2]

집집마다 교실마다 아이들이 가득 차 있었다. 현재 초등학교인 당시 국민학교는 대부분 학생들을 오전반과 오후반으로 나누어 2부제로 운영했고 심지어 3부제도 있었다.

사람이 많으니 경쟁도 치열해서 특히 서울에서는 이미 사교육 과열이 심각했다. 당시에는 중학교, 고등학교 모두 입시가 있었는데, 사교육을 줄이고 학습 부담을 경감할 목적으로 1969년 서울에서 먼저 중학교 입시가 폐지되고, 1971년에는 전국으로 확대됐다. 1974학년도 고등학교 입학부터는 서울과 부산에서 연합고사를 실시하여 고등학생을 선발하고 추첨으로 학교를 배정하는 이른바 '뺑뺑이'가 시행되었다. 뺑뺑이는 1집단의 1958년생부터 해당된다.

그러나 대한민국이 절대적으로 가난했던 시절이라 전국적으로 보면 더구나 여성이 대학교까지 진학하는 경우 자체가 드물었다. 소수이다 보니 전공의 선택에서 일관된 방향성을 찾기가 어렵지만, 여자대학이나 가정대에 대한 선호가 분명히 있었다.

"국민학교 6학년 때 친한 친구가 있었는데, 나중에 크면 전공은 뭘 할 거니 이런 대화를 나눈 적이 있어요.

그 친구는 가정대를 가겠다고 했어요. 가정대 가면 살림도 잘할 수 있는 거 아니냐고요. 어린 마음에도 살림 잘하려고 굳이 대학에 갈 필요가 있나라는 생각을 했던 기억이 나요.”

우리가 인터뷰하면서 들은 이러한 간접 경험은 이른바 ‘커트라인’에서도 드러난다.

“우리 때는 연세대 의대와 서울대 가정대 커트라인이 같았어요. 부모님이 딸을 대학교에 보낼 만큼 깨인 분이긴 하셨는데, 딸을 ‘곱게 키운다’라는 게 가정대를 보내는 시절이었죠. 그래서 언니는 가정대를 갔어요. 나는 미술을 하고 싶었는데 이걸 부모님이 반대하셔서 좀 자유롭게 전공을 선택한 편이에요.”

하지만 다음 2집단에서도 관찰되는 것처럼 전공을 고르는 데 본인 생각이 많이 작용한 경우도 있었다. 국책 연구기관인 한국여성정책연구원의 원장을 지낸 문유경 박사는 주도적으로 전공을 선택한 기억을 풀어냈다.

“사회학 공부를 하고 싶어서 선택했어요. 빈부 문제를

체계적, 이론적으로 공부하는 학문 분야라고 생각했거든요. 고등학교 때 교회를 다녔었는데 일주일에 한 번씩 책을 읽고 토론하는 모임이 있었어요. 청소년에게는 버거운, 역사나 사회 문제에 대한 어려운 책을 읽었는데 그 영향이 있었던 것 같아요."

물론 이러한 명확한 선택은 흔치 않아서, 책 읽는 걸 좋아해 문과를 갔다든지 수학을 잘 해서 이과를 갔다든지 정도의 결정에 부모님의 의견과 커트라인이 결합하여 전공이 정해졌다. 전공을 확고하게 결정하기에는 부모님도 선생님도 본인도 지식과 정보가 부족하던 시절이었기 때문일 것이다.

커리어에 앞서 결혼

대학교까지 진학한 1집단 소수의 현실적인 문제는 20대 전반에 결혼을 해야 하는 사회적 분위기와 커리어를 선택하는 데 참고할 선례가 거의 없다는 점이었다. 특히 커리어보다 결혼이 먼저 정해져야 하는 경우가 많아서 결혼이 커리어에 영향을 미칠 수밖에 없었다. 질병청장을 역임한 지영미 박사의 이야기가 딱 그렇다.

"의대를 가긴 했지만 임상 의사가 되지 않은 이유가 몇 가지 있는데, 일단 결혼을 빨리 했다는 사실이에요. 본과 4학년 때 했거든요. 결혼을 했는데 남편이 유학을 가게 되어서 나도 본과 졸업하고 바로 미국에 가게 됐어요. 남편은 이미 1년 공부한 상태였고요. 이제 어떻게 할까 하다가 미국 정부가 운영하는 암 연구소에서 객원 연구원으로 일하게 됐어요. 그런데 남편이 박사학위 받고 영국에서 더 공부하기로 결정해서 나도 영국으로 갔죠. 결국 영국에서 석사·박사 학위를 받았어요."

1집단에서는 대졸 이상의 학력을 갖춘 경우라도 결혼에서 자유롭지 않았다. 〈표 1〉은 20대 후반에서 50대 전반에 걸쳐 대졸 여성 중에 배우자가 없는 비율을 보여준다. 1집단 전반부(1955~1959년생)가 20대 후반에 결혼하지 않은 비율은 네 명 중 한 명 정도였고, 30대 전반이 되면 열 명 중 한 명으로 떨어졌다. 1집단 후반부(1960~1964년생)는 그보다는 미혼 비율이 높았고 다음 장에 등장하는 2집단에서는 결혼을 미루거나 안 하는 비율이 분명 늘어났지만, 결과적으로 열 명 중 아홉 명은 결혼했다. 1집단에서는 결혼의 우선순위가 더 높았을 뿐이다.

〈표 1〉 연령대별 배우자가 없는 대졸 여성의 비율(%)

	25~29세	30~34세	40~44세	50~54세
1집단	**30.1**	**11.0**	**9.6**	**12.7**
1955~59년생	25.8	10.5	9.1	11.3
1960~64년생	34.3	11.5	10.0	14.2
2집단	50.1	18.5	11.2	16.7
1965~69년생	44.3	16.1	10.2	16.4
1970~74년생	55.9	20.9	12.2	17.1

"나는 결혼 안 한다고 얘기하곤 했어요. 결혼은 안 하고 커리어를 갖겠다고 했죠. 대학교 다니면서 여성 문제를 공부하는 모임에 참여했는데, 책 읽고 감상문 쓰고 토론하는 활동을 계속 했어요. 그러면서 공부를 계속 해야겠다는 생각에서 유학을 가려고 결심했죠. 부모님도 공부는 좋다 그러셨어요. 문제는 결혼을 안 하면 유학 못 간다는 입장이셨던 거예요."

전 통계청장 이인실 박사는 다행히 유학을 같이 갈 남자를 잘 만나 결혼하고 공부를 계속 할 수 있었다고 술회했다. 한국여성정책연구원 전 원장 문유경 박사도 커리어에 대한 포부가 있으면서도 결혼과 출산은 기본값이었으므로 자신의 사회활동을 인정하고 지지해줄 수 있는 배우자를 찾았다고 했다. 인터뷰로 만난 한 분은 대학교 여자 동기들의 커리어와 가정에 대한 결정을 요약적으로 들려줬다.

"내가 70년대 후반 학번인데, 학과 동기 총 30명 중 여학생이 일곱 명이었어요. 일곱 명 중에 여섯이 학부를 졸업하고 석사 과정에 진학했고, 일곱 명 중에 비혼 한 명 제외하면 모두 결혼하고 아이도 낳았어요. 결혼한 친구들은 대략 스물여섯에서 스물여덟에 한 것 같아요. 그런데 결혼할 사람 있으면 20대 초반에도 결혼하던 시절이라 우리가 좀 늦은 편이었죠. 공부가 길어져서 그렇지 공부 마치기 전에 결혼들 했어요. 결혼을 안 한다는 건 굉장한 지조가 있어야 됐던 것 같아요. 그때는 서른 중반 넘어가면 결혼 시장에서 재혼으로 넘어갔으니까요."

커리어에 대한 의지가 있는 경우 커리어 계획에 기반해서 배우자를 만나고 결혼하는 것은 1집단 인터뷰에서 공통적으로 발견된 특징이다. 배우자의 요건으로 가장 중요한 건 부인의 커리어를 수용할 태도를 갖췄는가였다. 집안일을 나눠할 기대는 사치에 가까웠다.

선례 없는 길을 가다

1집단이 커리어를 선택하는 데 정말 어려웠던 점은 일하는 현장에 여자 선배가 안 보이고, 선택지가 극도로 제한적이었다는 사실이다. 이는 다음 2집단에서도 여전히 계속될 문제지만 1집단에서는 훨씬 심각했다. 우리가 인터뷰한 분들의 학력이 그냥 대졸이 아니라 박사 학위를 취득한 경우가 많았던 것은 당시의 여건과 무관하지 않다. 인터뷰를 한 1집단 분들의 연령은 대부분 60대였는데, 현직에 있거나 현직을 떠난 지 얼마 되지 않은 분들을 접촉하다 보니 특히 여성이 그 정도로 길게 커리어를 가져갈 수 있는 직군이 매우 적었고, 직군이 요구하는 학력 수준도 높았다.

1집단은 대학교 학번이 74~83학번으로 박정희 정권과 전두환 정권에 걸쳐 있다. 학생운동에 대한 단속이 살벌했고, 법조계나 공직은 권력과 너무 가까워서 부담스럽던 시절이다. 인터뷰한 분들이 공통적으로 꼽은 여성의 선택지는 교사, 그리고 기자였다. 한 분은 당시의 분위기를 이렇게 요약했다.

"경제가 잘 성장하니까 남자 대졸자들은 누구나 다 취업할 수 있었어요. 골라서 갈 정도였거든요. 그런데 군필자만 지원을 받으니까 여자는 취업을 할 수가 없는 거예요. 내 기억에 군필 안 따지는 데가 언론사밖에 없었어요. 나를 포함해서 내 여자 동기들은 그래서 언론사 시험을 다 봤어요. 언론사가 여자만 뽑는 게 아니니까 여자들끼리 경쟁이 엄청 치열했죠. 대학교 다니면서 교직 과목을 들으면 교사 자격증이 나오기 때문에 교직 과목 듣는 여학생들도 많았고요. 나는 선생님은 적성에 맞지 않는 것 같아서 교직 과목을 듣지 않았어요. 그걸 들으면 주변 압력에 결국 선생님이 될까봐 일부러 피했죠. 나름 배수진을 친 거였어요."

일반적인 기업의 취업문은 2집단 후반부가 취업을 시작할 때까지도 닫혀 있었다. 금융권에서 일한 한 분은 문과 졸업생이 전공과 관계없이 갈 수 있는 직장을 선택했다고 말했다.

"교직 과목을 들었기 때문에 선생님이 될 기회도 있었어요. 하지만 좀 다른 곳에서 일하고 싶었죠. 이전부터도 여자들이 교직은 많이들 간 편이니까요. 금융 산업에 여성한테 새로운 기회가 있을 거라는 생각을 했어요. 그런데 막상 들어가니 회사 안에서 교육이나 연수 기회가 여성한테는 막혀 있더라고요. 내가 상당히 승진 했을 때 회사에서 보내주는 연수를 처음 갔는데, 사장 님이 연수가 처음이냐고 놀라셨어요. 남자들과 달리 교 육 기회가 적으니 혼자 공부를 계속 했어요. 아이들 키 우는 동안 휴일에도 함께 공부했던 기억밖에 없어요. 아이 낳고 병원 침대에 누워있는데 이렇게 쉬어보는구 나 생각했을 정도니까요."

서울대 의대를 나온 지영미 박사의 동기들 이야기는 뛰어난 이과 여학생들의 좁은 선택지인 의사도 여성으로 서의 차별적 어려움이 크게 다르지 않았다는 점을 알려 준다.

"우리 때는 한 학년에 160명이었는데 여학생이 16명, 딱 10%였어요. 굉장히 우수한 여학생들이었는데 본교 에 남은 사람이 한 명도 없어요. 왜 그렇게 됐냐면, 사 람을 뽑는 데 할당이 있는 거죠. 티오T.O.라고 하잖아요. 여성 티오가 있고 다른 대학교 출신 티오가 있는데, 그 러니까 다른 대학교 출신 여성을 뽑아서 양쪽 티오를

한 번에 해결하는 거예요. 그래서 한참 후배들까지도 본교에 남을 수 없는 불이익이 있었더라고요."

주류인 남성이 여성과 함께 일하기를 기피하는 것은 당시에 숨길 일조차 아니었다. 학부에서 경제학을 복수 전공하고 미국에서 경제학 박사 학위를 받은 이인실 박사가 귀국해서 직장을 잡는 과정은 가방끈이 길어진다고 여성 취업이 결코 유리해지지 않았음을 보여준다.

"채용을 하는 대학교에는 다 지원을 했었어요. 다 안 된 다음에는 연구원들에 모두 지원했죠. 그중 한 곳 원장이 대학원 선배였어요. 그래서 직접 이야기를 들었는데, 여자 연구원을 뽑은 적이 있는데 열심히 하지 않았다며 여성을 뽑고 싶지 않다는 거예요. 다른 연구원 원장에게서도 비슷한 말을 들었어요. '우리는 여자를 뽑은 적이 없어.' 이러면서 연구원이든 대학교든 안 될 거라고요. 결국 그때만 해도 남자 박사들이 잘 가려고 하지 않은 민간 연구소에 가게 됐죠."

이인실 박사는 민간 연구소에서 탄탄한 경력을 쌓고 국회예산정책처의 경제분석실장과 통계청장 등 공공

  결혼 옵션 세대

〈표 2〉 연령대별 대졸 기혼 여성의 경제활동참가율(%)

	25~29세	30~34세	35~39세
1집단	**35.9**	**39.8**	**45.6**
1955~59년생	33.0	36.6	43.7
1960~64년생	38.8	42.9	47.4
2집단	43.5	45.4	51.2
1965~69년생	41.3	43.8	50.5
1970~74년생	45.7	46.9	51.8

부문에서도 괄목할 역할을 수행했지만, 결과적인 성취가 과정상의 난관과 상처를 모두 덮을 수 있는 것은 아니었다. 이러한 어려움 때문에 1집단에게 커리어란 결코 다수 majority의 선택이 될 수 없었다. 〈표 2〉에 나타나는 것처럼 대졸이며 결혼한 1집단 여성 중에 경제활동에 참여한 비율은 가장 활발하게 일할 시기인 30대에도 50%에 이르지 못했다. 게다가 결혼을 했다면 학력과 커리어에 관계없이 출산은 피할 수 없는 과제였다.

M세대의 어머니

1집단은 자녀가 평균적으로 여섯 명인 가정에서 태

어났으나, 1960년대 초부터 시작된 강력한 가족계획사업으로 급격하게 출산율이 하락하는 시기에 성장한다. 1집단의 시작인 1955년생이 가임기 연령인 15세에 진입한 1970년의 합계출산율은 4.53명이었고, 1집단의 끝인 1964년생이 15세에 진입한 1979년의 합계출산율은 2.9명에 불과했다. 1955년생이 서른 살이 되는 1985년은 M세대의 출생 시작점으로 볼 수 있는데, 이 해의 합계출산율은 1.74명으로 인구 유지 수준인 2.1명 아래로 이미 떨어져 있었다.

우리가 인터뷰한 1집단의 여성들은 모두 두 명씩의 자녀를 두고 있었다. 자녀들은 거의 다 M세대다.[3] M세대의 어머니는 학력과 결혼, 커리어 선택에서 M세대와 극명한 대조를 보인다. 1장에서 언급한 것처럼 1집단에서 대학교에 진학하지 않은 비율은 전반부는 90% 이상, 후반부도 80% 이상이다. 5장에서 만날 4집단, M세대는 이 비율이 30%대로 줄어들었다. 1집단은 20대 후반에 네 명 중 한 명이 미혼인데, M세대는 20대 후반에 다섯 명 중 네 명이 결혼하지 않고 있었다.

1장에서 대학교를 나오고 결혼도 했는데 경제활동도 한 여성은 1집단에서 100명 중 2~6명에 불과하다고 했다. 그 소수가 어떻게 아이들을 키웠는지, M세대의 성장 이야기 일부를 여기서 엿볼 수 있다. 전 질병관리청장 지영미 박사의 경험이다.

"남편 따라 미국에 가서 연구원 생활을 하던 중에 큰애가 태어났어요. 남편은 공부하고 나는 출근을 해야 하니까 아이를 키울 여건이 안 되는 거예요. 시어머니와 친정어머니가 동갑이신데, 큰애가 태어났을 때 40대셨어요. 두 분이 뜻이 맞아서 함께 미국에 오셔서는 큰애를 데리고 가셨죠. 그리고 시댁에서 키우셨는데, 시어머니가 젊은 할머니시라 큰애를 막내딸 키우듯이 하셨던 것 같아요. 내가 결혼할 때 시댁에 시할머니가 계셨는데, 저희가 모두 함께 산 적도 있으니 4대가 한 집에 산 거죠. 식구가 많아서 아이 키우기가 그나마 나았던 경우예요. WHO 서태평양지역사무소에서 일할 때는 초등학교 2학년이던 둘째 아이와 필리핀에서 지냈는데 친정어머니도 같이 오셨어요. 해외 출장이 많은 타지 생활이었는데, 친정어머니 도움이 없었으면 가능했을까 싶어요."

2집단에서도 시댁이나 친정의 도움으로 일할 수 있었다는 경험담이 많지만 1집단의 소수는 확실히 그러했다. 한국여성정책연구원에서 커리어를 시작하여 원장까지 지낸 문유경 박사는 당시로서는 드물게 고학력 여성들이 모여 있는 직장에서 일했는데, 그의 간접경험은 그 시절 일하는 여성의 육아 실태를 요약적으로 보여준다.

"그때 제일 흔한 경우가 친정어머니, 시어머니가 오시거나 친정, 시댁과 집을 합치는 거였어요. 부모님이 지방에 계시면 아이를 맡기고 주말에 갔다왔다 하고요. 같이 일하는 박사가 시댁이 지방이었는데 아이를 맡겼어요. 그때는 토요일에 근무를 했으니 토요일에 일 끝나고 서울에서 시댁을 가는데, 가면 아이 봐야지, 아이 맡겨서 죄송하니까 집안일도 해야지, 그러고 월요일에 출근하면 정말 너무너무 피곤해 보였어요. 그 경우가 제일 힘들어 보였던 거 같아요."

문유경 박사 자신은 최대한 독립적으로 육아를 할 결심이었다. 한국여성정책연구원은 여성 문제를 연구하는 국책 연구기관답게 당시 민간기업들과는 비교할 수 없을 정도로 결혼 및 출산에 친화적인 문화가 조성되어 있었다. 법정 출산휴가 2개월을 불이익 없이 쓸 수 있다는 것부터 그랬다.

   결혼 옵션 세대

"출산휴가 2개월이 우리나라에서는 최상의 조건이었어요. 당시에도 여자 교사들이 많았잖아요. 선생님들은 방학 때 맞춰서 아이를 낳거나, 학기 중에 낳으면 강사를 고용하는 비용을 본인이 냈어요. 여하튼 나는 출산휴가 2개월을 다 채워 쓴 후에 일을 다시 해야 했는데, 같은 아파트에 사는 이웃에게 아이를 맡겼어요. 사실 그때는 남한테 아이 맡기면 큰일 나는 줄 아는 시절이었어요. 낮에 아이를 약 먹여 재운다 이런 괴담 같은 이야기가 많았거든요. 그래도 동네에서 오며가며 보니까 그 이웃이 인상이 좋고 그 집 아이들이 셋인데 반듯해 보이고 해서 간곡하게 부탁해서 맡겼죠. 몇 집 함께 아주 잘 지냈어요. 주말에 모여서 밥도 자주 먹고."

또한 한국여성정책연구원이 1987년 현재 위치한 서울 불광동으로 신축 이전하면서 국내 최초로 직장 어린이집을 만든 것도 대단한 차이였다. 당시 36개월 이상인 아이들을 받았는데, 문유경 박사도 몇 개월 기다려서 아이를 맡길 수 있었다.

"어린이집 신청자가 많아서 대기자 명단에 이름을 올렸죠. 몇 달 걸려 들어갔네요. 다른 대안이 없었기 때문에 들어간 건 너무 좋았는데, 막상 아이 데리고 버스 타고 전철 타고 출퇴근하는 게 보통일이 아니었어요. 특히 퇴근 중에 아이가 잠이 들 때가 많았는데 그러면 애는 업고 일할 자료 든 가방은 아이 받쳐 든 손에 들고, 그러고 지하철 계단을 오르내려야 하니 정말 힘들더라고요. 여하튼 어린이집이 우리밖에 없어서 한국에 국빈 방문이 있으면 어디 대통령 부인 이런 분이 꼭 우리 어린이집에 왔었어요. 그런 어린이집인데, 감사에 걸린 적이 있었어요. 아이들 쓰는 변기가 일제라 호화 시설이라고. 애들 변기가 국산이 없던 때인데 말이죠.”

육아에서 아버지의 역할은 크지 않았다. 이인실 박사는 미국 유학 중에 큰애를 출산했을 때 남편이 시어머니께 연락해 아이를 한국에 데려가 봐주십사 부탁드린 걸 고마운 기억으로 꼽았다. 문유경 박사도 아이를 이웃에 맡겼을 때 남편이 박사과정 공부 중이어서 보조적인 도움을 줄 수 있었던 것이 다행이었다고 언급했다. 은행에 오래 근무한 한 분은 육아 부담에 대해 명확하게 이야기했다.

“육아는 내가 전담을 했어요. 물론 아버지 역할이 있죠.

진로를 잡아준다든지 하는 굉장히 중요한 의사결정에
는 남편이 충실하게 잘 했다고 생각합니다. 소소한 여
러 가지, 아이들 공부나 병원 데리고 다니는 일은 다 내
몫이었어요. 당시에는 분위기 자체가 그랬어요. 남편한
테 뭘 요구할 수 없었던 것 같아요. 한 번은 큰애가 놀
다가 높은 데서 뛰어내려 팔이 부러진 적이 있었는데
그걸 바로 얘기를 안 한 거예요. 퇴근했더니 방에서 혼
자 울고 있더라고요. 아이들 봐주시는 아주머니가 계셨
는데, 애가 엄마한테 얘기하지 말라고 했다는 거예요.
아빠한테 연락할 생각은 당연히 안 했겠죠. 밤중에 큰
병원 가서 뼈를 맞췄고 지금은 전혀 문제가 없긴 한데,
그때 생각하면 항상 너무 미안해요."

부인이 일하는 게 남편이 능력이 없어서라는 사회적
통념은 여성이 커리어를 추구하는 데 걸림돌이 됐다. 본
인의 의지만큼이나 남편과 시댁의 입장이 중요했다. 부
인의 커리어를 존중하는 남편이더라도 육아는 여성의 몫
인 게 확실했다. 아이가 성장하면서 계속 다른 양상의 육
아 어려움이 닥치는데, 그 어려움들을 다 헤쳐 나가는 데
에는 우주의 기운이 필요할 정도였다. 커리어를 길게 가
져간 결과 우리가 인터뷰할 수 있었던 1집단 분들은 그래

서 '감사하다'는 표현을 많이 썼다.

커리어를 유지한 진정한 소수이든, 커리어 중간에 좌절한 분들이든, 아니면 처음부터 커리어를 가질 엄두를 내지 못한 분들이든, 그들의 자녀는 전혀 다른 환경과 여건에서 나고 자라며 어머니의 영향을 받았을 것이다.

우리가 인터뷰한 분들은 자녀들에게 결혼이나 출산을 권유하지 않는다고 했다. 본인의 선택에 맡긴다는 것이었다. 커리어와 가정 둘 다 붙잡고자 전력을 다한 이 분들의 이야기는 자신에게 주어진 사회적 여건에서 본인이 선택한 길을 거침없이 용기 있게 걸어간 여성들의 무용담이다. 그러나 이겨낸 싸움일지언정 딸에게 그 싸움을 굳이 물려주려고 하지 않는 것이 1집단 어머니들의 마음이다. 딸이 겪을 일이 더 쉬운 싸움이라고 확신할 수 없다. 무엇보다 어떤 삶을 살 것인지 스스로 선택할 권리를 존중하는 게 얼마나 중요한지 1집단인 어머니들이 잘 알기 때문일 것이다.

정책의 큰 물

1집단에서 대학교를 나오고 결혼도 했는데 경제활동도 한 여성은 100명 중 2~6명에 불과하다고 앞서 언급했다. 우리가 인터뷰한 분들의 커리어 초기 상황은 지금 시각에서 보면 미개함에 가깝다. 그러다가 1997년 말 외환위기가 터지고 김대중 정부가 들어서면서 여성정책에 큰 변화가 온다. 정부 출범과 동시에 대통령 직속 여성특별위원회가 설립됐고, 이듬해인 1999년 '남녀차별 금지 및 구제에 관한 법률'이 제정되었다. 2001년에는 '여성부'가 신설됐다. 청와대 고위직에 여성이 포함되고, 재임 중 국회의원을 뽑는 총선에서 대통령이 '여성 30% 할당제'를 당부하기도 했다. 이인실 박사는 당시를 이렇게 회고한다.

"김대중 대통령이 취임하고 나서 정부의 많은 위원회들에 이른바 '여성 할당제'가 들어온 거예요. 당시에 나는 전국경제인연합(현 한국경제인협회) 산하의 한국경제연구원에 근무할 땐데, 민간 기업을 대변하는 연구기관이고 여성 경제학 박사가 드물다보니 위원회에 여러 개 참여하게 됐어요. 많을 때는 8개도 해봤네요. 그렇게 공적인 영역에서도 활동을 하게 되니까 2003년에 국회예산정책처가 생길 때 경제분석실장으로 갈 수 있었죠."

우리가 인터뷰한 1집단의 다른 분들도 비슷한 이야

기를 했다. 구성원의 다양성을 확대하는 데 리더의 의지
가 가장 중요하다는 것이다.

> "여성 인력이 직급이 올라갈수록 줄어드는 건 현실적으
> 로 이해가 돼요. 아이 키우면서 힘든 일들이 너무 많잖
> 아요. 다만 의도적으로 여성을 어느 비율 이상으로 확
> 보하도록 유도하는 정책은 지속적으로 추진되어야 한
> 다고 봅니다. 물론 일하면서 아이 키울 수 있는 인프라
> 와 제도, 문화가 정말 잘 되어 있으면 인위적으로 여성
> 에게 자리를 할당할 필요도 줄어들겠지만요."

이전의 김영삼 정부 때도 여성 공무원 채용목표제
도입(1996년) 같은 여성정책이 없었던 것은 아니지만, 김
대중 대통령이 직접 여성정책의 중요성을 강조한 것은
영향력이 컸다. 김대중 정부가 노무현 정부로 이어지면
서 여성정책은 비교적 일관되게 확대됐다. 2005년에 민
법 개정으로 호주제가 폐지되어 남성 호주와 가족 중심
의 호적에서 개인 중심의 가족관계등록부로 전환된 것이
큰 변화 중 하나다. 여성 장관이 늘고 여성 총리도 등장
했다.

'물 들어올 때 노 저어라'라는 관용어가 있다. 국가

차원에서 여성에 대한 대우가 달라지는 시기에 준비된
여성 인력이 많았다면 긍정적인 변화가 더 빨리 일어났
을 것이다. 특히 눈에 띄는 고위직에서 기회가 갑자기 열
렸는데, 고위직을 할 만한 연령대에 해당하는 1집단 여성
중에 합당한 경력을 갖춘 사람이 드물었다. 우선 커리어
를 갖고 있는 비율 자체가 낮았기 때문이다.

전보다 훨씬 많은 기회를 맞게 된 소수가 바뀐 환경
을 마냥 누릴 수 있는 것도 아니었다. 인터뷰 중 나온 다
음 술회는 인터뷰를 한 우리도 공감이 갔다.

"어느 기관, 어느 조직에서 일하든 여자는 나 하나였고,
비슷한 직급에서 가장 어렸어요. 항상 과도하게 주목받
았고, 사소한 잘못도 소문이 널리 퍼지고 약점이 되곤
했죠. 여자여서 과분한 기회를 얻었다는 남자들의 질시
가 이해가 되면서도 힘들었어요. 많지 않은 주변 여성
들을 보면, 조금만 '여성적'이어도 공격의 대상이 되고,
반대로 '여성적'이 아니어도 남자들이 불편해 한다는 평
판에 시달리는 게 너무 잘 보였죠."

눈에 띄는 자리에 여성이 많지 않으니, 그들의 언행
이 곧바로 여성 전체의 특성으로 해석되는 '성급한 일반

화의 오류'가 만연했다. 원치 않은 대표성은 때로는 '내가 잘해야 더 많은 여성에게 기회가 생긴다'라는 책임감을 자극하기도 했지만, 대체로 지치고 피곤한 관심이었다. 인터뷰를 하면서 우리는 이러한 개인적 경험이 2집단에서 크게 개선되지 않았다고 느꼈다. 그러나 커리어를 가진 1집단 여성이 더욱 소수였기에 얼마나 더 외롭고 긴장되었을지는 막연히 짐작할 수 있었다.

미래 세대를 위해 바라다

1집단의 대다수는 결혼했고 아이들을 낳았다. 그러나 전혀 다른 여건에서 태어나고 자란 그들의 자녀들에게 '결혼은 옵션'이며, 출산은 결혼한다고 반드시 하는 선택도 아니다.

우리가 인터뷰한 1집단의 여성들은 자녀가 결혼을 하지 않은 경우도 있지만 손주를 본 분들도 있었다. 당연한 듯이 결혼해서 폭풍 같은 육아 경험을 가진 이 분들이, 직장에서 긴 시간 후배 여성들을 지켜보고 이제 본인의 자녀가 결혼의 기로에 서거나 육아를 하게 되면서 드는 생각들에는 남다른 점이 있을 터였다.

"정말 쉴 새 없이 달려왔는데, 항상 하던 일이 내 의지와 상관없이 끊기곤 했으니까 방해 받지 않고 전력을 다해 불 태웠다면 어디까지 할 수 있었을까 하는 아쉬움이 있죠. 내가 좀 더 진취적이었으면 결혼 안 하고 일로 끝장을 봤을 텐데 하는 생각이 있어요. 그런데 또 내 성격이 사람 만나는 거 별로 좋아하지 않는데, 결혼도 안 하고 일만 했으면 정서적으로 정상이 아니었을 것 같기도 하고 그래요. 그래서 애들한테는 좋을 대로 하라고 했어요. 원하는 대로 살라고."

그래도 나이 들어 혼자인 것보다는 배우자가 있는 게 낫다는 의견이 더 많기는 했다. 문제는 살 곳을 마련하는 비용이 너무 올랐다는 것. 한 분의 경험이 현재의 어려움을 더욱 부각시켰다.

"내 첫 월급이 18만 원이었어요. 그때 남편과 구한 전셋집의 보증금이 600만 원이었고요. 그러면 보증금이 월급의 30배가 좀 넘는 셈이죠. 사실 내 월급이 적은 편이었어요. 대기업은 30~40만 원은 됐고, 언론사 들어간 내 동기는 100만 원 받는다고 했으니. 내가 살던 전셋집이 사게 되면 1,000만 원이 좀 넘었어요. 그럼 보증금에 적금 열심히 부으면 살 수 있는 수준인 거죠. 그런데 요즘 전세는 2억 원에 구하기도 쉽지 않잖아요. 내 경우와 비교해 보면 월급이 600만 원은 되어야 하는데, 그렇게 받기 어렵죠. 우리 살던 시절도 집 장만하는 게 쉽지는 않았지만 지금하고 비교도 안 되는 거 같아요. 살 데가 없으면 어떻게 결혼 생각을 하겠어요."

출산은 결혼과 또 다른 문제다. 우리가 인터뷰한 분들의 육아 경험담은 '나 때는 말이야'로 시작하는 무용담은 될지언정 미래 세대에게 반복될 것으로 기대할 수도 없고 바라서도 안 되는 서사였다. 우리는 이 분들에게 어떤 것들이 달라져야 할지 질문했다. 문유경 박사는 큰애를 이웃에 맡기면서 공동육아를 경험했지만, 현재 권할 만한 육아 형태인지에 대해서는 특별히 긍정적이지 않았다. 그보다는 근무시간의 변동성에 대응할 수 있는 제도와 인프라를 꼽았다.

"여성정책연구원에 있으면서 독일에 출장 갔을 때 공동육아 하는 현장을 가 봤거든요. 각자 몇 시간씩 기여를 하는 건데 당시에 독일도 대부분 여성이 하더라고요. 사실 나도 전업주부들이 이웃에 있었으니까 가능했던 거고. 결국 남편과 함께 육아를 하는 게 중요하고, 그러려면 부부 중 한 명이라도 일정하게 출·퇴근할 수 있는 여건이든지, 둘 다 업무가 야근도 해야 하고 그러면 그때그때 안정적으로 아이를 맡길 데가 있어야죠."

또 다른 분도 육아 도우미와 함께 늦게까지 아이를 봐줄 수 있는 여건을 중요하게 언급했다.

"아기가 어느 정도 의사 표현을 할 수 있을 때까지는 전적으로 아기를 봐 줄 분이 있는 게 좋은 것 같아요. 좋은 분 신중하게 잘 모시는 게 중요하죠. 이후에 어린이집이든 유치원이든 초등학교든 매일은 아니더라도 늦게까지 누가 봐줄 수 있는 시스템이 갖춰지는 게 중요합니다. 남의 손을 쓰는 걸 너무 두려워하면 쉽지 않아요. 물론 비용 문제도 있죠. 시스템이나 비용 같은 걸 나라에서 적극적으로 해결해야 해요."

'남편은 없어도 되지만 도우미 이모님은 없으면 안 된다'는 우스갯소리가 그 시절에 이미 진리가 되어 가고 있었던 것이다. 최근의 저출생 대책 관련해서 육아휴직보다는 유연근무가 중요하다는 강한 의견도 있었다.

"육아휴직을 1년 넘게 쓰고 돌아오면 업무를 따라갈 수가 없어요. 얼마나 빨리 변하는 세상인데 그게 가능하겠어요? 제도상 평가나 승진에 불이익이 없도록 한다고 해도, 그 이후에 계속 일이나 지위가 버거워지는 문제가 생겨요. 우리가 애들을 남녀 구분 없이 똑같이 키웠잖아요. 자아실현할 욕구가 같고, 일한 만큼 평가받는 게 공정한 거라고 생각하는 세대인데, 길게 아이 보다 오라고 하는 게 사정 봐주는 게 아니에요. 일과 병행할 수 있게 해줘야죠."

1집단의 자녀들 걱정은 바로 대한민국의 고민과 직접 닿아 있다. 베이비부머 1세대이자 한국경제의 고도 성장기와 함께 자란 1집단은 세계 최빈국에서 태어나 10대 경제 대국을 일궈낸 세대다. 베이비부머 1세대로서는 드문 고학력 여성인 그들에게 커리어의 기회는 너무나 좁았고, 그래서 시스템이나 인프라 없이 각자도생할 수밖에 없었다.

이제 그들의 자녀는 외관상 훨씬 더 풍요로운 환경에 있음에도 상대적으로 어두운 미래를 불안해하며 결혼에도 출산에도 적극적이지 않다. 하지만 1집단은 자신이 걸어온 길을 돌아보며 자녀에게 인생에 정답이 있다거나 정답을 강요하거나 하지 않는다. 대신 자녀의 선택을 응원하고, 아이 키우기 좋은 나라가 더 빨리 되지 않는 것을 안타까워할 뿐이다. 그들의 경험과 진심에서 나오는 조언에 더 귀를 기울이게 되는 이유다.

3장

CAREER

MARRIAGE

커리어와 가정의 고단한 공존 :
2집단(1965~1974년생)

학력의 도약

1985년에 도서 지방부터 중학교 의무교육이 시작된다. 2집단의 후반부인 1970~1974년 출생 집단이 중학생 무렵일 때다. 의무교육이 시행되기 전에도 특히 도시에서 중학교 진학은 상당히 일반적인 현상이긴 했다. 그러나 모두가 중학교는 나올 수 있게 되면서 전반적인 학력 수준이 올라가는 효과가 나타났다.

"나는 부모님이 다 선생님이셔서 배우는 게 너무 당연하고 대학 가는 것도 너무 자연스러운 일이었어요. 그런데 고등학교 올라갈 때가 갈림길이었던 거예요. 내 중학교 친구들 중에는 신경숙 작가의 소설《외딴 방》처럼 산업체 여상을 간 애들이 있었어요. 중3 때 충청도쪽 어느 공장에서 와서 애들을 모집하더라고요. 공부도 시켜준다고 하구요. 친한 친구가 공부도 잘하고 했는데 공장으로 갔어요. 그게 엄청 각인되어 있죠."

소설《미실》로 유명한 김별아 작가가 진학한 강릉여고는 학교별로 시험을 봐서 학생을 뽑는 비평준화 지역의 학교였다. 강릉여고에 간 학생들은 일단 대학교에 진학할 목표를 갖고 있었다고 한다. 비평준화 지역이 아니더라도 고등학교 진학은 일반적이었고, 잠재적으로 대학교에 진학하는 고등학교가 더 많았다. 이미 1975년에 일반계 고등학교의 수가 전문계 고등학교의 수를 넘어선 이후 격차가 확대되는 추세였다.

경기도 가평에서 성장한 신한미 판사(서울서부지방법원 부장판사)는 비평준화 지역에 대한 또 다른 감상을 내비쳤다.

   결혼 옵션 세대

"내가 다닌 고등학교는 종합고등학교여서 문과반과 상과반이 두 반씩 있었어요. 나는 춘천으로 고등학교를 가고 싶었는데, 부모님께서 여자라 위험하다고 동네에서 다니게 하신 거예요. 어머니가 본인이 공부를 많이 못하신 게 한이 있으셔서 나에 대해서는 기대도 많으시고 지원도 아끼지 않으셨는데, 그래도 고등학교를 원하는 데로 가지 못한 건 내내 아쉬웠어요."

평준화 지역에서도 고등학교 진학은 갈림길이었다. 서울 천호동에서 나고 자란 박정숙(가명)은 그 시절을 이렇게 기억한다.

"그 당시만 해도 내 중학교 동창들 중에 공부 잘하는 애들이 여상을 갔어요. 우리 때는 고등학교 올라갈 때 연합고사라는 시험을 봤는데, 서울여상이나 이런 좋은 여상들 커트라인이 웬만한 인문계 고등학교보다 높았어요. 그러니까 공부 잘하는 여자들이 고등학교 나와서 취업하는 경우가 많았고, 그래서 여자의 대학 진학률이 1980년대까지는 낮았을 거라고 생각해요."

그럼에도 불구하고 서울 등 대도시에서는 여학생의

인문계 고등학교 진학이 상당히 확대되긴 했다. 그 결과 고졸 이하 학력자의 비율이 급격히 줄어들고 전문대학 이상 진학자 비율이 크게 늘어난다.

2집단이 30대 전반일 때를 기준으로 전반부(1965~1969년생)의 중졸 이상~고졸 이하 비율은 60%가 넘는데, 후반부(1970~1974년생)의 해당 학력 비율은 40%대로 감소한다(**그림 2** 참조). 전문대학 이상 졸업자 비율은 전반부가 35% 정도에 불과한데, 후반부에는 50%를 넘긴다. 대략 고졸 이하 학력자가 줄어든 만큼 전문대학 이상 졸업자가 늘어났다. 또한 의미 있는 수치는 2집단 후반부에서 중졸 이상~고졸 이하보다 전문대학 이상이 더 많아졌다는 것이다. 1장에서 '골든 크로스'라고 불렀던 현상이다. 4년제 대학교 이상 졸업자만 추리면 약 22%에서 32%로 증가한다.

여성의 이러한 학력 신장은 남성과 비교해서도 두드러진다. 2집단이 대학교에 입학하는 시기인 1984~1993년의 대학 진학률은 전체적으로 30%대 후반에 정체되어 있었지만, 입학자 중 여성 비율은 30%대 초반에서 40%로 증가한 것이다. 하지만 1990년대 전반까지 서울대학교의 경우에는 여학생의 입학 비율이 25%를 넘지 못했다.[1] 박정희 정권 하에 어린 시절을 보내면서 "아들

딸 구별 말고 둘만 낳아 잘 기르자"(1972년), "잘 키운 딸 하나 열 아들 안 부럽다"(1978년)라는 표어를 접하며 컸지만, 2집단의 성장 환경은 남자 우선, 남자 중심이 아직 명확했다.

커리어를 위한 선택

"고등학교 다닐 때까지만 해도 내 꿈은 기자였어요. 그런데 재수할 때 친구한테 들은 얘기가, 여기자가 경찰서에 오전에 취재하러 가면 아침부터 여자가 와서 재수가 없다고 경찰들이 소금을 뿌린다는 거예요. 그게 너무 충격적이던 참에 마침 이화여대 출신 사법고시 합격자가 다섯 명 나왔고, 수석도 포함되어 있다는 기사를 봤어요. 1991년 얘기예요. 그걸 보고 법대를 가고 법조인이 되면 누가 소금 뿌릴 일은 없겠구나, 뭔가 주도적으로 내 삶을 살 수 있겠구나 그런 생각을 했어요."

인권 증진 활동에 열심인 김재련 변호사가 대학교에서 전공을 선택할 때 이야기를 들어보면 주도적으로 결정했다는 것을 알 수 있다. 다음 장에서 만날 3집단과 미

리 비교해 보자면 2집단에서는 전공 선택에서 상당히 주
도적이었다. 금융권에 종사하는 박정숙(가명)도 본인 의
사로 전공을 선택한 경우다.

"내가 산 동네에는 시장통에 노점상도 많았어요. 모두
다 잘사는 사회가 되면 좋겠다는 막연한 생각이 있었고
그래서 경제학과를 가야겠다고 생각했어요. 그런데 중
학교 담임 선생님이 학력고사 끝나자마자 어머니께 전
화하셔서는 '여대 영문과를 보내야 한다, 그래야 시집을
잘 간다'라고 하신 거예요. 그래도 부모님께서 대학을
안 나오셨기 때문에 다행히 내 전공에 대해서는 강하게
말씀하지 않으셨어요."

이렇듯 여성에게 적합한(?) 전공에 대한 인식이 광
범위하게 존재하긴 했다. 2집단 후반부에 속한 강은주(가
명)는 당시의 분위기를 요약적으로 보여주는 경험담을 공
유했다.

"당시에 대부분의 부모님이 여자는 선생님이 되어야 한
다는 말씀을 많이들 하셨어요. 그래서 내 친구들도 교
대, 사범대를 엄청 갔거든요. 내 부모님도 그런 말씀을

하셨는데 나는 내 적성에 도저히 안 맞는 거 같았어요. 사실 책 읽는 걸 좋아해서 국문학과도 고민을 했었는데, 배치표를 보니까 경영학과가 국문학과보다 한참 위에 있더라구요. 점수가 아깝다는 생각이 들어서 경영학과에 갔어요. 경영학과 나오면 어딘가에 취직은 하겠구나 생각도 했구요. 나는 문과여서 주변에 교사 지망이 많았는데, 우리 학교 이과 1등이 여자라고 의대를 안 가고 약대를 갔었어요."

그 당시 대학 진학자들의 전공 선택을 정확히 파악하기는 어렵지만, 경험담을 모아보면 커리어를 염두에 둔 여성들의 전공 선택의 특징은 몇 가지로 압축된다. 우선 안정성이다. 안전성이라고 표현할 수도 있을 것이다. 여성이 공부하고 일하는 데 특별한 위협이 없는 직업과 전공에 대한 선호가 드러나는 것이다. 교사가 되고자 하는 비율이 높은 것은 1집단에서부터 유지되고 있었다. 약사도 마찬가지였다.

특출한 성적을 낸 경우는 전문성에 대한 추구도 두드러진다. 여학생의 경우 고등학교에서 문과 비중이 압도적으로 높았는데, 최상위권은 사법고시를 목표로 하는 경우가 흔했다. 1집단만 해도 대학교를 다니던 시절

(1970년대 후반~1980년대 전반) 청년 지식인의 정부에 대한 반감이 높아서, 이후 세대에 비하면 국가고시가 인기가 많지 않은 편이었다.

하지만 1987년 민주화 이후 사법고시를 비롯해 행정고시, 외무고시 등 국가고시에 대한 인기가 급속하게 높아졌다. 남녀 모두에게 나타난 현상이다. 여성에 초점을 맞춰보면, 비슷한 커트라인의 법학과와 상경계 학과들을 비교할 때 법학과 지원율이 높았다. 신한미 판사는 직업에 부여된 권위의 덕을 봤다고 말했다.

"판사는 법정에서 법대 위에서 사람들을 대면할 수 있기 때문에 법대와 법복이 그냥 주는 권위가 있거든요. 저한테는 그게 여자로서 사회에 첫발을 내딛고 생활하기에 더 나았던 것 같아요."

모두가 누릴 수 있는 권위가 아닌 점이 문제긴 했다. 1집단에 비해서 나아지긴 했지만 직업 현장 어디에서나 여성 롤 모델은 고사하고 여성 선배가 적은 상황은 여전했다. 당장 대학교를 다닐 때 여성 교수가 적었다. 국립대학교에서 여성 교원의 비율을 2030년까지 25%로 끌어올리는 '양성평등 추진실적 평가' 계획이 시작된 때가

2004년이다. 2집단이 중단 없이 공부하고 박사 학위를 받았다면 시기적으로 혜택을 받는 대상이 되었을 것이지만, 그들이 대학교를 다닐 때는 여성 교수를 만나기 어려웠다.

"대학이 보수적이고 폐쇄적이잖아요. 여성 교수 지원자가 비혼이면 수상하게 생각하고, 기혼이면 부담스러워서 채용을 꺼리는 일이 비일비재했어요. 남성 비율이 높은 전공일수록 문턱이 높죠. 한 여자 동기가 대학교 총장 앞에서 면접을 볼 때 임신 중이었는데, 임신해서 이러고 다니면 남편이 싫어하지 않느냐고 묻더래요. 그 동기는 임용되지 않았어요. 나도 선배 권유로 한 대학교에 지원한 적이 있었는데, 그 선배의 선배 교수들이 여성 교수 뽑는 걸 싫어한다며 더 진행 못하겠다고 사과하는 전화를 받았어요."

지금은 교수인 2집단 한 여성의 술회다. 교수가 학기 중에 출산을 하면 직접 강사를 구해서 사비로 강의를 부탁하고, 최대한 빨리 복귀해서 남은 학기의 강의를 소화해야 했다. 교수는 법적으로 근로자가 아니어서 고용보험에서 지원하는 육아휴직 혜택 대상자도 아니다. 여

성 선배의 부재는 시간이 흐를수록 점차 해소될 것이었
지만, 2집단에게는 커리어 내내 남아있는 현상이었다.

그 놈의 유니폼

커리어 선택에서 2집단까지의 가장 큰 장벽 중 하나
는 여성 대졸자를 대상으로 한 취업 시장이 형편없이 작
았다는 데 있다. 신문사나 방송사 같은 언론사는 여성 채
용을 배제하지 않았기 때문에 기자는 1집단에서부터도
주요 직업군으로 등장한다. 하지만 1집단에서와 마찬가
지로 여전히 주된 직업군은 교사였다.

예를 들어 1986~1995년의 10년 동안 전국의 여성
교원 증가 인원은 79만 명에 이른다. 연평균 8만 명 가
까운 여성이 새로이 교원이 된 것이다. 이 기간은 1963~
1972년생이 N수·휴학 없이 대학교를 졸업한 시기여서
2집단 대부분에 해당한다. 베이비부머 2세대의 연령별
여성 인구가 평균적으로 약 43만 명인데, 그중 27% 정도
가 대학교를 졸업했으므로 2집단 여성 대졸자는 연간 약
12만 명이 배출되었다. 12만 명 중 8만 명이 교원이 되었
으니 세 명 중 두 명꼴의 엄청난 비중이다.

이는 일반적인 기업의 취업문이 2집단 후반부에 이

르도록 아예 닫혀 있었다는 데서 이유를 찾을 수 있다. 1장에서 언급한 것처럼 포스코(옛 포항제철)와 삼성그룹에서 여성 대졸자 공채를 시작한 해가 각각 1990년과 1993년인데, 2집단의 1967년생과 1970년생이 N수·휴학 없이 졸업한 해다. 그전까지 기업의 채용 대상은 '군필자'였다. 포스코와 삼성에 이어 여성 대졸자를 채용하는 기업이 늘어나긴 했지만, 2집단의 다수가 선택할 커리어 경로가 되기에는 너무 초기였다.

고학력의 여성에게 은행을 포함한 금융권은 꽤나 일찍부터 인기 있는 직장이었다. 은행은 1집단 이전부터도 당시로서는 고학력인 고졸 여성들에게 인기가 높았다. 문제는 '여행원'이라는 직군이 따로 있다 보니, 대졸 이상의 여성들이 진입하기에 처우나 급여가 만족스럽지 않은 면이 있었다.

은행에서는 여성을 '여행원'으로 따로 채용하고 있었다.[2] 이른바 '여행원' 제도에서는 입사해서 처음 받는 월급부터 승진 기회까지 모든 면에서 여성이 남성보다 못했다. 1987년, 대한민국이 공식적으로 민주화를 이룬 해에 '남녀고용평등법'이 제정되었고, 여행원 제도의 폐지 운동도 힘을 받게 되었다. 결국 1991년에 노동부의 취업규칙 발표로 여행원을 따로 뽑는 관행이 금지된다. 이는 1987년 대학교 입학자가 4학년이던 1990년에도 여행원이 있었고 이들은 모두 유니폼을 입었다는 뜻이다.

"졸업할 때쯤 보니까 국내 금융기관들에서 여자들이 무조건 유니폼을 입더라구요. 대졸도 예외가 없었어요. 학교 다닐 때는 딱히 차별을 못 느꼈는데, 남자들은 자기 양복 입고 나는 유니폼 입을 생각하니까 자존심이 상하는 거예요. 그래서 외국 회사에 지원을 해야겠다 생각을 했어요. 당시에 교보문고에 가면 '외국 회사 명부' 그런 책을 팔았어요. 그래서 거기 나와 있는 주소들로 이력서와 성적증명서 같은 걸 넣어 보냈어요. 그런데 정말 한군데서도 답이 없더라구요."

국내 최대 사모펀드인 MBK 파트너스에서 최초의 여성 파트너가 되고, 2021년에는 포브스Forbes에서 선정한 '아시아의 파워 여성 경영인 20명'에도 이름을 올린 이인경 CFO는 커리어 선택에 유니폼이 미친 영향을 이처럼 밝혔다. 다른 한편에서는 유니폼을 입을 걸 알지만 일반 제조업체에서는 아예 원서조차 받지 않았기 때문에 할 수 없이 은행에 취업했다는 경험담도 많다.

유니폼과 관련된 웃기 어려운 희극으로 이런 이야기

결혼 옵션 세대

도 있었다.

"한국에서 대학교 졸업하고 미국에서 박사학위까지 마쳤어요. 나온 학교들이 좋다고 대기업에서 과장 직급으로 불러주더라구요. 그 당시 상사였던 분한테 나중에 들었는데, 내가 입사하고 한 달을 관리직 분들이 회의를 하셨대요. 한편에서는 여자는 다 유니폼 입는데 저 박사도 입혀야 하는 거 아니냐, 다른 한편에서는 그래도 박사인데 어떻게 유니폼을 입으라고 하냐… 그렇게 회의하면서 한 달이 가니까, 이제 와서 유니폼 입으라고 하면 그게 더 이상하지 않은가, 그렇게 해서 접었대요. 난 그것도 모르고 태평하게 회사 다녔지 뭐예요."

이런 열악한 환경에도 불구하고 2집단 여성의 과반이 커리어를 선택했다. 2집단 전반부(1965~1969년생)는 25~29세에 경제활동에 참여한 비율이 60%가 넘는다. 후반부(1970~1974년생)는 68%를 넘는다. 특히 미혼의 경우 2집단에서 이 연령대에 경제활동에 참가하는 비율은 85%가 넘었다.

여전히 결혼과 출산은 필수

대학교를 졸업하고 반 넘게 커리어에 진입했지만, 이들에게 결혼은 주어진 숙제였다. 이인경 CFO는 당시 분위기를 이렇게 전한다.

"어머니가 기자를 하시다가 아이들 낳고 이런저런 사정 때문에 그만 두셨거든요. 그래서 나와 내 여동생이 커리어를 갖기를 굉장히 바라셨어요. 그런데 또 무조건 결혼은 빨리 하라시는 거예요. 나는 졸업한 다음 해에 결혼했는데, 친구들 중에 대충 중간 정도였어요. 여대 나온 친구들은 졸업한 해에 대부분 하더라구요. 3, 4학년 때 선보고 졸업한 직후에 바로들 하니까 남편과 나이 차이가 다 서너 살인 거예요. 그때는 군대가 길었으니까. 선보거나 사귄 남자와 결혼을 해야지, 만나기만 하고 결혼을 안 하면 평판이 나빠진다고 엄마들이 엄청 예민해 했어요."

박정숙(가명)은 사회 통념에 대해 재미있는 경험담을 공유했다.

"나는 우리나이로 서른 살이 되는 해에 결혼했는데, 입사 동기 중에 내가 제일 늦었거든요. 그런데 당시는 직장에서조차도 맨날 결혼 언제 할 거냐는 질문을 아무렇지도 않게 했어요. 요즘 같으면 사생활이라고 안 물어볼 텐데… 여하튼 남녀를 불문하고 결혼을 안 했으면 그런 질문에 시달렸는데, 스물아홉 살이 되니까 더 이상 나한테 그 질문을 안 하는 거예요. 어떤 분위기냐면, 스물아홉까지 결혼 안 했으면 저 친구는 결혼 못 하는 거다 결론짓고 자제하는 거였죠."[3]

〈표 3〉에 나타나는 것처럼 2집단 전반부(1965~1969년생)가 25~29세에 결혼을 하지 않은 비율은 열 명 중 네 명 정도였는데, 30~34세가 되면 열 명 중 한두 명 정도로 떨어졌다. 후반부(1970~1974년생)는 그보다는 미혼 비율이 높았지만, 그래봐야 25~29세에 열 명 중 여섯 명과 30~34세에 열 명 중 두 명 정도로 늘어난 수준이다. 대세는 여전히 결혼을 하는 것이었다. 물론 후반으로 갈수록 분위기가 바뀌긴 했다. 1974년생 강은주(가명)는 입사 동기 중 여성이 여섯 명인데, 이 중 지금까지 결혼을 하지 않은 사람은 본인을 포함해서 세 명이라고 했다.

그러나 일단 결혼을 한 경우 2집단은 대체로 결혼과 출산을 분리된 사안으로 인식하지 않았다. 아이를 갖는

〈표 3〉 연령대별 배우자가 없는 대졸 여성의 비율(%)

	25~29세	30~34세	40~44세	50~54세
1집단	30.1	11.0	9.6	12.7
1955~59년생	25.8	10.5	9.1	11.3
1960~64년생	34.3	11.5	10.0	14.2
2집단	**50.1**	**18.5**	**11.2**	**16.7**
1965~69년생	44.3	16.1	10.2	16.4
1970~74년생	55.9	20.9	12.2	17.1

결정을 어떻게 하게 됐느냐는 질문에 하나같이 '그런 걸 따로 고민해 본 적은 없다'라는 답이 돌아왔다.

흥미로운 것은 결혼한 여성이 경제활동에 참여하는 비율이 아주 높지는 않아도, 출산으로 인해 경제활동을 줄이는 것이 전체 통계로는 나타나지 않는다는 것이다. 〈표 4〉에 나타나는 것처럼 2집단의 결혼한 여성이 25~29세에 경제활동에 참여하는 비율이 43.5%인데, 30~34세에는 이 비율이 45.4%로 늘어난다. 30대 후반에는 50%를 넘긴다. 이런 변화에 대해 은행에 다니는 박정숙(가명)은 이런 해석을 했다.

"우리는 취업한 사람이 많지 않고, 특히나 좋은 직장에

〈표 4〉 연령대별 대졸 기혼 여성의 경제활동참가율(%)

	25~29세	30~34세	35~39세
1집단	35.9	39.8	45.6
1955~59년생	33.0	36.6	43.7
1960~64년생	38.8	42.9	47.4
2집단	**43.5**	**45.4**	**51.2**
1965~69년생	41.3	43.8	50.5
1970~74년생	45.7	46.9	51.8

는 여자들이 굉장히 어렵게 들어온 거란 말이예요. 그래서 오히려 쉽게 그만두지 못하는 측면도 있었어요. 내가 어떻게 들어온 직장인데, 이런 생각이 드는 거죠. 그런데 내가 둘째를 2001년에 낳고 보니 동네에 간혹 어린이집이 있는데 아기들은 안 받아주는 거예요. 그때 직장에 어린이집이 있으면 좋겠다는 생각을 했어요. 심지어 노조를 찾아가서 제안을 했다니까요. 각 직장에 세우기 어려우면 은행은 상대적으로 여자가 많으니까 은행들이 공동으로 하면 좋지 않겠냐구요. 그런데 노조 얘기가, '애를 직장에 데리고 오게 할 수는 없지 않느냐'였어요. 가장 진보적이라는 집단도 마인드가 그랬던 거죠."

은행권에서는 우리은행 직장어린이집이 가장 빨리 만들어져 2010년 2월에 개원했다. 여성 대졸자 공채를 1993년에 시작한 삼성은 기업 중에 직장어린이집의 선도자라 할 수 있는데, 삼성전자의 수원 직장어린이집이 1996년에, 그룹 회사들 임직원이 공동으로 이용할 수 있는 서소문 삼성어린이집이 1997년에 개원했다. 하지만 삼성은 매우 예외적인 경우였고 직장어린이집이 있는 회사는 거의 없었다.

사실 1991년 제정된 영유아보육법에 직장 보육시설 설치 의무가 명시됐지만, 기업으로서는 직장어린이집을 세우지 않고 대신 보육수당을 지급할 수 있었기 때문에 직장어린이집의 수가 늘지 못하고 지지부진했던 것이다. 공공부문의 직장어린이집 설치는 민간 기업보다는 좀 빠른 편이었다. 1992년에 설립된 서울 중구청 직장어린이집이 우리나라 최초의 직장보육시설로 알려져 있다. 직장어린이집에 대해 신한미 판사는 이렇게 소회했다.

"법원에 어린이집을 만들자고 하면 윗분들이 걱정을 했어요. 만약 문제가 생기면 어떻게 하냐, 손해배상 책임이 있지 않겠냐… 법을 잘 아는 분들이니까 할 수 있는 걱정을 하신 거죠. 그래도 2000년대 초반부터 직장

　　　　　　　　　　　　　　결혼 옵션 세대

어린이집이 늘어나서 둘째부터는 직장어린이집을 다녔
어요."

영유아보육법이 2005년에 개정되면서 직장어린이
집 설치를 보육수당으로 대체할 수 없게 되었고, 대신 지
역의 보육시설과 위탁계약을 체결할 수는 있도록 바뀌었
다. 이러한 위탁계약으로 대신한 사례들을 보면, 말이 지
역의 보육시설이지 정작 아침 일찍 어린아이를 데리고
나와서 어린이집에 맡기고 출근하기에는 직장과 먼 거
리인 경우가 많았다. 대중교통에 의존하는 경우에는 이
런 식으로 이용하기가 사실 쉽지 않았다. 여하튼 전반적
으로 변화가 체감된 것은 2012년부터 직장어린이집 설치
의무를 이행하지 않은 사업장의 명단을 공개하면서부터
다. 결과적으로 2집단이 혜택을 보기에는 변화가 늦게 이
루어졌다.

고단한 줄타기

일과 가정의 양립은 쉬웠던 적이 한 번도 없다. 하
지만 2집단이 육아에 맞닥뜨렸던 시기에는 어린이집이나
육아 도우미, 육아휴직 같은 제도적 인프라가 아직 갖춰

지지 않은 상태였고,[4] 직장에서도 여성이 여전히 압도적 소수였다. 말한 사람은 기억도 못하겠지만, 들은 사람은 수십 년 가슴에 담아 두는 차별적 언행이 난무하던 때였다. 이인경 CFO라고 예외가 아니었다.

"학교 다닐 때까지만 해도 두루두루 어울리고 차별이란 걸 못 느꼈어요. 그런데 회계법인에 있을 때 해외 연수를 매년 한 명씩 보내주는데 내가 그게 너무 가고 싶었던 거예요. 그래서 회식 때 대표님께 해외 연수 관심 있다는 뜻을 밝혔더니 대표님이 '이 선생은 남편 허락받아야 하지 않나? 남편 때문에 가기 힘들 텐데?' 하시더라구요. '아 나는 안 보내주겠구나' 좌절감이 들었어요. 이직을 준비한 데 그 사건이 작용을 했죠."

출산휴가 기간에 대한 성과평가 차별은 당연히 감수할 사안이었다. 중소기업에서는 결혼할 여성에 대한 채용을 기피하고, 출산을 하고 돌아오면 책상이 없어져도 하소연할 곳도 없던 시절이다. 그러니 대기업이라도 출산휴가를 3개월 써서 일하지 못한 기간에 대해서는 인사평가에서 불이익을 받거나 승진에서 불이익을 받더라도 이상하지 않았다. 대기업에 다닌 문은정(가명)은 임신했

     결혼 옵션 세대

을 때의 경험을 이렇게 기억했다.

"월요일에 팀장회의를 하고 나면 팀 회의를 해요. 그러면 팀장님이 담배를 피우기 시작하는 거예요. 그때도 건물 밖 흡연이 원칙이었고, 임신한 내 눈치를 보는 분위기가 있긴 했어요. 하지만 팀장회의에서 스트레스 받아 온 팀장님이 담배를 안 피우면 회의가 끊길 상황인데 피지 말라고 할 수가 없더라구요. 몇 번 괜찮다고 했더니 다음부터는 묻지도 않았구요. 출산 임박해서까지 회사를 다녔는데, 출산휴가 신청할 때 인사팀장님이 물었어요. '육아휴직은 안 쓸 거죠?'라구요. '네, 그럼요'라고 대답했는데 비굴하게 답한 것 같아 아직까지 기억이 나네요. 출산휴가 다녀온 후의 고과 때문에 마음이 조마조마 했거든요."

1997년 외환위기가 터지고 IMF로부터 구제금융을 받게 된 국가적 위기 상황에서 여성은 직장에서의 열악한 처지를 다시 한 번 절감해야 했다. 은행에 다니는 박정숙(가명)은 그때 상황을 이렇게 떠올렸다.

"회사에서 구조조정을 하는 중에 여자들이 먼저 전화를

받았어요. 특히 부부가 같이 회사에 다니는 경우는 예외가 없었죠. 여자한테 전화를 해서는 '남편이 나갈 거냐, 당신이 나갈 거냐' 묻는 거예요. 사실상 선택의 여지를 주지 않았어요."

은행이 공식적으로는 직원의 나이, 인사고과, 승격된 연도 등을 고려해서 순서에 따라 '희망퇴직'을 받았지만, 여행원 제도가 폐지된 후 관리직으로 승진해서 같은 연령과 직급에 대비해서 승진이 늦었던 여성들이 대부분 구조조정 대상자가 되었다.[5]

외환위기와 같은 큰 사건이 아니더라도 일상의 여건은 공공부문이라고 크게 낫지 않았다. 신한미 판사는 아이들이 너무 좋아서 다섯 명 낳긴 했지만 매번 직장에서는 좌불안석할 수밖에 없었다고 술회한다.

"판사 초기에는 배석판사라고, 세 명이 함께 일하는 재판부에 배속되거든요. 임신을 하면 재판장인 부장님들이 서로 본인 재판부에 받지 않으려고 큰소리로 싸우기까지 하셨어요. 각 재판부에 배당되는 사건 수는 같은데, 내가 배석판사를 하다가 출산휴가를 들어가면 그 자리를 누가 메꾸지 않았거든요. 다른 두 분이 일을 훨씬 더 많이 해야 하니까 힘들죠. 또 출산 전에도 배가 점점 불러오니 야근도 어렵고, 아무리 마음 좋은 부장님이어도 불안해하시는 거예요. 지금은 제도적으로 배당을 줄여주거나 출산휴가 기간에는 배당을 중지하거나 하는데, 그때는 그런 시절이 아니었어요."

신한미 판사는 그래도 안정적인 공무원 생활이 적성에 맞고 만족스럽다고 했다. 한편 같은 법조계여도 본질적으로 자영업자인 김재련 변호사는 출산 때 겪었던 깜짝 놀랄 이야기를 들려줬다.

"유학 갈 계획을 세우고 시험관 아기를 시도했는데 세쌍둥이가 생긴 거예요. 그때만 해도 세쌍둥이도 임부도 출산까지 안전하게 갈 확률이 높지 않아서 결국 남편만 유학 가고 나는 남았어요. 아이들이 좀 일찍 나왔는데 혼자 낳았고, 퇴원할 때 병원비 지불도 내가 직접 했어요. 게다가 아이들이 인큐베이터에 있으니까 산후조리원에서는 산모만 들어올 수는 없다며 안 받아주더라구요. 아이들을 하루에 두 번씩 볼 수 있는데, 어차피 내가 매일 두 번씩은 나가야 하니까 이렇게 된 바에야 일을 하자 싶어서 일주일 만에 사무실에 나갔어요. 임신한 동안 일을 줄였는데 사무실 운영비가 나가니까 빚이 많이 늘었거든요. 유학하는 남편 생활비도 보내줘야 했고."

지금도 자영업자는 출산전후 휴가급여나 육아휴직 급여를 받지 못하는 등 사각지대에 놓여 있는데, 김재련 변호사는 자영업자로서 극도로 힘든 경험을 한 셈이었다. 그래도 아이들을 키우기에는 자기 시간을 어느 정도 통제할 수 있는 개업 변호사가 훨씬 낫더라고 한다.

"변호사로 일하다가 2년 동안 공무원 생활을 했었어요. 일도 재미있고 성과나 보람도 있었지만, 아이들 학교에 꼭 참석해달라는 행사라도 있으면 반차를 내고 택시로 미친 듯이 오고 가는 생활을 해야 했어요. 선배들 중에 대형 로펌에서 일 잘 하던 선배들이 아이가 초등학교 고학년이 되면서 일을 줄이려고 개업을 하거나 아예 일을 그만 두거나 하는 경우도 많이 봤어요. 하지만 어찌 되었든 내가 일을 해야겠다 하면 자영업자가 차라리 나은 면도 있어요."

김별아 작가도 무명의 프리랜서로 지내면서 아이를

낳아 키운 10년을 이렇게 회고했다.

"1993년에 데뷔하고 2005년에 《미실》이 나오기 전까지는 정말 이것저것 일을 많이 했어요. 각종 잡지에 글을 팔 수 있는 시장이 그때는 꽤 컸어요. 인터뷰 기사도 많이 썼구요. 내가 재주가 있는 분야는 자서전 대필이었죠. 모든 예술가는 인정 투쟁을 하니까 그런 일을 하는 게 부담이 전혀 없었던 것은 아니지만, 나는 먹고사는 노동은 괜찮다고 생각해요. 그러는 중에 아이를 낳았는데, 딱 18개월을 일을 끊었어요. 나는 글 못 쓰면 죽는 줄 알았거든요. 그런데 그걸 포기했어요. 내 커리어가 유일하게 끊긴 기간이에요. 내가 자랄 때 엄마가 당시로는 드물게 일을 하셨는데, 나는 그 결핍이 컸어요. 그래서 이 아이는 내 손으로 키우겠다 생각했죠."

김재련 변호사의 지인들이나 김별아 작가처럼 커리어와 가정 사이에서 일을 잠깐이든 기약 없이든 그만 두는 경우는 흔했다. 그 외에 남성이라면 잘 하지 않았을 선택을 하게 될 때가 있었다. 신한미 판사에게는 지방 근무가 갈등의 원인이 되었다.

"의정부에서 근무하던 2년차 때예요. 가사소년전문법
관을 모집하는데 그러면 서울가정법원에서 일하는 거
였어요. 집이 서울에 있으니 아이들과 더 가까이 있어
야겠나는 생각에 지원을 했고 다행히 된 거에요. 감사
하게도 그 일이 적성에도 맞아서 정말 소중한 기회가
되었죠. 그래서 후회는 안 하는데, 내가 남자였고 그때
로 돌아간다면 지원을 안 했을 거 같긴 해요."

결혼하고 아이가 있는 여성들이 직장의 위치나 근무
시간 등 근로 여건을 업무 자체에 추가해 고려하는 것은
선택의 폭을 줄이기도 하고, 직장에서도 더 적은 기회를
제시하는 요인이 되었다. 더 제한된 선택과 더 적은 기회
는 당연히 급여와 승진에 영향이 미친다. 클라우디아 골
딘의 표현을 따르자면 여성들이 '탐욕스러운 일자리'를
피하는 것이 전체 커리어에 걸쳐 남성 집단과 급여 차이
를 점점 더 벌리는 결과를 야기한다.

그럼에도 불구하고

직장에서 퇴근하면 집으로 출근하는 워킹맘의 일상
은 그때나 지금이나 똑같지만, 직장에서는 소수이고 가

정에서는 전통적인 아내와 엄마의 역할을 해내야 하는 2집단의 삶은 고단함의 연속이었다고 할 수 있다. 때로는 고단함을 넘어 회의에 직면하는 상황도 많이 생겼다. 신한미 판사가 커리어와 가정을 모두 이끌고 가면서 겪은 위기는 이런 상황이었다.

"판사는 지방 근무를 몇 년씩 해야 하거든요. 큰애가 고등학교 1학년일 때 다시 지방에 가게 된 거예요. 그런데 애를 아침에 아무도 안 깨워 준거죠. 아빠는 애를 깨워야 된다는 생각이 별로 없었고, (육아 도우미) 이모님은 더 어린 아이들을 보살피니까 큰애는 알아서 할 거라고 생각하신 거예요. 그래서 큰애가 1학년 1학기에만 지각을 스무 번 넘게 해버렸어요. 대학에 수시 지원을 못 하는 상황이 되니까 반항도 많이 하고 그랬어요. 그때가 제일 힘들었던 것 같아요."

그럼에도 불구하고 커리어에 대한 애정은 다양하게 드러난다. 은행에 다니는 강은주(가명)는 커리어를 가진 것에 대한 만족감을 이렇게 표현했다.

"직업이 있으니까 사회적인 가치를 실감하는 것 같아

요. 예전에는 일이 엄청 중요하다 이런 생각을 별로 안 했는데, 나이가 들면서 보니까 일이 있으니 사회에서 대접을 받는다는 생각이 들어요. 취미로 텃밭을 가꾸는데 거기 가서 밭일 하고 있으면 그냥 '아줌마'거든요. 결혼을 했든 안 했든 이 나이 되면 아줌마 소리 듣잖아요. 그래도 주중에는 '팀장님'으로 불리니 괜찮은 거죠."

물론 고단한 생활에 때로 억울한 마음이 들지 않는 것은 아니다. 김재련 변호사는 그런 열받음에 대한 기억 한 조각을 얘기해 줬다.

"TV에 보면 아는 거 많은 사람들이 나와서 이런저런 얘기하는 프로그램 있잖아요. 그런 프로그램에 나와 얘기하는 사람들은 거의 남자들이에요. 어떻게 저런 사소한 것까지 잘 알고 있을까 생각해 보면 책을 많이 읽어서겠죠. 여름 휴가철 되면 신문이나 각종 매체에서 '휴가 가서 읽기 좋은 책' 소개하잖아요. 그런데 나는 휴가 가서 한 번도 책 읽을 여유를 가져 본 적이 없어요. 애들 뒤치다꺼리 하느라구요. 집에 오자마자도 수영복 빨아서 말려야지 아쿠아슈즈 모래 빼야지 쉴 틈이 어디 있어요. 명절 연휴 지나고 페이스북에 읽은 책들 올리는 사람들 대부분 남자예요."

커리어는 가정을 깨는 결정을 하는 데 힘이 되기도 한다. 앞의 〈표 3〉에 나타나는 것처럼, 2집단 여성이 배우자가 없는 비율은 25~29세에는 50% 정도이다가 40~44세에는 11%까지 떨어지는데, 50~54세가 되면 17%로 증가한다. 계산해 보면 결혼한 여성의 7%가 이혼이나 사별을 한 셈이다. 이 사이 재혼했을 가능성을 고려하면 7%는 최소한의 수치다. 그리고 이 수치는 1집단에서 3%가 나온 것과 비교하면 두 배 이상이다. 물론 커리어를 가진 여성만 이혼 결정을 하는 것은 아니지만, 이혼사건을 많이 다루는 김재련 변호사는 이렇게 설명한다.

"이혼을 할지 말지 결정하는 데 있어서 제일 크게 영향을 미치는 게 경제적 독립 가능성이에요. 그런 가능성이 있는 분들은 적극적으로 이혼을 선택하거든요. 그렇지 않은 분들은 쉽게 이혼을 결심하지 못하더라구요."

이인경 CFO도 '나에게 커리어란 자유'라고 단적으로 표현했다. 경제적인 능력은 가정 내의 권력 관계에 분명히 영향을 미칠 수밖에 없다. 여전히 전업주부가 많은 세대라 집안의 헤게모니는 남편에게 있었고 시댁의 간섭은 종종 노골적이었다. 어렵사리 커리어를 유지하는 경우에도 상대적으로 낮은 소득 때문에 경시받거나, 일 때문에 집안일에 다소 소홀해지면 일을 그만 두라고 종용받는다는 경험담도 많았다.

한편으로는 자녀의 수가 전에 비해 줄고, 더 적게 태어난 소중한 아이들에 대한 교육 투자와 성과가 경쟁적으로 중요해지면서 엄마의 '매니저' 역할이 부상하긴 했다. 집 밖에서 돈을 벌어오는 것만큼 집 안에서 아이들의 교육을 챙기는 것의 중요성이 강조되면서 부부 간 권력 균형이 좀 더 평등한 방향으로 이동하기도 했다.

그럼에도 불구하고 우리가 만난 사람들 중에서는 가정을 이룬 결정에 대한 후회 같은 것을 느끼는 경우는 없었다. 특히 아이에 대한 경이로움과 애착은 공통적이다. 김별아 작가는 '나 혼자면 이렇게 열심히 안 살았다'라고, 살아가는 힘의 원천이 아이에 있었다고 말했다. 열악한 환경 때문에 커리어를 갖지 못했든 그런 환경에서라도 커리어를 쌓아왔든, 대다수가 결혼하고 아이를 낳은 그 시절 2집단 여성에게 삶의 의미를 부여한 존재는 아이였다.

딸도, 여성도 공부를 해야 한다는 부모님의 신념과 지지는, 자기 분야에서 커리어를 성공적으로 이루고 가정도 잘 일구어낸 1집단과 2집단 면담 대상자들의 공통적 특성이었다. 전공이나 커리어 선택에서 진로 지도를 잘 받지 못하거나, 교사 등 아주 협소한 범위 안에서 진로를 선택한 것도 비슷하다. 여성의 높은 학력이 취업할 때 반드시 유리한 조건이 아니었고, 학력이나 실력에 대한 대우나 커리어 개발의 기회에서 남성보다 불리한 상황에 놓였던 점에서도 유사하다. 때로는 이 과정이 가정과 아이들을 위해 스스로 선택한 길인 것도.

1집단보다는 대학에 진학하고 커리어를 갖는 일이 조금 더 당연해지고 그런 길을 걷는 동지들이 많아지기는 했다. 하지만 여전히 이들은 소수였고, 직장과 사회의 변화는 여성들의 생각과 선택의 변화보다 느렸다. 직장 어린이집이나 육아휴직처럼 일과 가정의 양립을 돕는 공적 인프라는 첫 발을 겨우 떼기 시작했다. 아이들의 양육에 있어서 조부모와 도우미는 필수였고, 커리어를 지지해주는 배우자일지라도 아이들 문제에 관해서는 여전히 엄마가 그 중심에 있었다.

커리어가 있든 없든 결혼 적령기를 넘기지 않고 결혼을 하고 결혼을 하면 아이를 낳고 기르는 것이 당연한 수순이던 시대였으니, 선배 세대인 1집단보다 더 많이 공부하고 더 적극적으로 자신의 커리어를 키워간 2집단에게 커리어와 가정은 고단한 공존이었다.

예순 즈음에

2집단이 모두 50대가 된 2024년에 우리나라 50대 여성 전체 경제활동참가율은 68.7%였다. 남성의 경우 50대의 경제활동참가율(88.9%)이 40대(92.4%)보다 낮게 나타났는데, 여성은 50대가 40대(68.3%)보다 미미하게나마 높았다. 대한민국 여성의 커리어 발달사는 이렇듯 현재도 진화 중이다. 어느 집단도 어떤 의미에서 과도기가 아닌 집단이 없다. 3집단이 50대가 될 때에는 지금보다 더 경제활동참가율이 높을 것으로 기대된다. 3집단이 학력도 더 높고, 같은 연령대일 때의 2집단보다 항상 경제활동참가율이 높았기 때문이다.

이제 2집단은 정년, 즉 일에서 물러날 나이로 나아가고 있다. 우리나라에서는 '고용상 연령차별금지 및 고령자고용촉진에 관한 법률'에 따라 근로자의 정년을 60세 이상으로 하는 의무규정이 2016년부터 단계적으로 확대되었다. 이제 60세를 넘어 정년을 두는 정년 연장에 대한 논의가 진행되고 있다. 정년 연장에 가장 첨예하게 이해가 걸려 있는 집단이 바로 베이비부머 2세대라 할 수 있다. 베이비부머 2세대는 여성이 88세, 남성이 83세 정도까지 살 것으로 예상되므로 현재 정년이라면 정년 후 20년 이상 30년 가까이 더 살게 되는 것이다.

문제는 국민연금이 제도적으로 노후 소득을 보장해주는 정도가 너무 약한데, 개인적으로 노후 대비를 해야 한다는 인식은 비교적 최근에야 확산되어 대비가 미흡하다는 점이다. 여성은 고용 경력이 없는 경우가 많고, 있더라도 남성에 비해 기간이 짧거나 평균적으로 급여가 적어서 국민연금의 혜택을 적게 받기 때문에 더욱 힘들다. 베이비부머 2세대의 부모는 대부분 1940년대 출생이고, 2020년대 중반 기준으로 볼 때 1940년생이 40% 이상의 생존율을 보인다. 살아계신 분들의 기대수명은 90세에 이른다. 또한 Z세대인 자녀들은 자립이 점점 더 어려운 여건에 처해 있다. 베이비부머 2세대는 '긴 세대'의 전형인 것이다.

2집단은 커리어와 가정의 고단한 공존 끝에 은퇴가 다가오는 중에도 긴 세대의 고민을 거듭하고 있다. 이것이 후배 집단들의 선택에 어떤 영향을 미칠지는 앞으로 두고 볼 일이지만, 당장 이들의 고단함은 현재의 문제이자 국가적 난제다. 단순히 인구 규모만 놓고 봐도 전과 후의 어떤 세대보다 사람이 많다. 이들에게 닥친 문제는 지금부터 앞으로 20년 이상 정치적으로 중요하게 다뤄질 수밖에 없을 것이다. 그러나 이들의 문제가 어려운 이유는 베이비부머 2세대에게 유리할 수 있는 정년 연장이나 국민연금의 지급금 인상 같은 정책 방향이 자녀 세대에게 큰 부담이 되기 때문이다. 일자리 기회가 줄어들고 국가 재정 악화로 세금 인상이 불가피할 것이다.

2집단을 포함한 베이비부머 2세대가 대부분 결혼했고 자녀가 있는 상황이기 때문에 이들이 본인뿐만 아니라 미래 세대의 입장도 같이 고민하리라는 기대는 어쩌면 국가적으로 다행일 수 있다. 이들은 어느 정도 미래 세대에 양보할 마음이 있을 것이기 때문이다. 사실 비혼이 늘고 자녀를 두지 않는 인구가 증가하면, 그들의 정치적 결정은 자기 세대의 이해만을 우선할 가능성이 높아질 것이다. 게다가 연령별 인구가 감소 추세에 있기 때문에, 젊은 세대일수록 1인 1표로 행사하는 정치적 영향력은 줄어들 수밖에 없다.

2집단의 고단함이 어떤 결실을 맺게 될지는 알 수 없다. 2020년대 중반 현재 커리어가 있는 2집단은 커리어가 아직 완결되지 않았다. 다양한 분야에서 '최초의 여성'으로서 길을 개척해 온 집단적 에너지와 지혜는 분명 쉽게 사라지지 않을 것이다. 또한 베이비부머 1세대가 부모 세대로서 M세대에게 영향을 미치는 것과 또 다른 복잡한 영향을 2집단이 포함된 베이비부머 2세대는 Z세대에게 미칠 것이다. 2집단의 커리어와 가정이 공존하는 이야기는 아직 현재진행형이다.

4장

CAREER

MARRIAGE

경력 단절의 시작:

3집단(1975~1984년생)

IMF 외환위기가 전공 선택에 미친 영향

3집단이 시작되는 1975년생은 그들끼리 스스로를 '저주받은 75년생'이라고 부른다. 대입에서 학력고사가 수학능력평가로 바뀌고, 남자들만 해당되는 사실이지만 군대에 '방위 제도'가 없어졌으며, 대학교 졸업을 앞두고 1997년에 외환위기가 터진 것이다. 급격히 얼어붙은 당시 취업 시장의 분위기는 tvN의 인기 드라마 '응답하라

1994'에도 담겼다. 다수의 주요 인물이 1975년생, 94학번인데 그중 한 명이 입사가 취소되어 실의에 빠지는 모습이 그려진다.

앞선 2집단에서 외환위기는 주로 성 차별적 경험으로 기억되는 반면, 3집단의 경우는 전공 선택에 미친 영향으로 감지된다. 사실 고등교육을 받는 것 자체는 3집단에게 아주 큰 결정은 아니었다. 3집단 전반부(1975~1979년생)와 후반부(1980~1984년생)의 전문대학 이상 진학률이 각각 70%와 80%에 육박한 것을 보면 알 수 있다.

고1 때 외환위기를 맞은 박지영(가명)은 "IMF를 고등학교 때 겪었는지 대학교 때 겪었는지에 따라 완전히 다른 집단이라고 생각해요"라고 단언한다. 그는 "우리는 무조건 실용적이고, 졸업해서 취업 잘 할 수 있는 전공을 택해야 한다는 분위기가 있었어요"라며 당시를 떠올린다. 산부인과 의사 출신으로 벤처캐피탈 심사역으로 활발하게 활동하는 IMM인베스트먼트의 문여정 전무는 고3때 맞닥뜨린 외환위기로 진로가 바뀌었다고 했다.

"아버지가 과학자시고, 대전의 연구단지에서 자라서 과학고를 다녔기 때문에 자연스럽게 과학자가 되겠다고 생각했어요. 그런데 고3때 IMF가 딱 터진 거죠. 그랬더니 아버지가 절대 연구는 안 된다, 과학도 안 되고 공대도 안 된다, 그러시는 거예요. 아버지 대학 친구분들 중에 기업 다니시던 분들 다 정리해고 당하고, 연구원들도 연구비가 확 줄고 그랬던 거죠. 당시에 연구단지에는 일하는 여자 박사들이 좀 있었는데, 남자는 자를 수 없으니 여자한테 나가라고 했대요. 그래서 아버지가 전문직이 좋겠다고 의대를 굉장히 강하게 권하셨어요. 그때만 해도 과학고 90명 졸업이면 의대 가는 사람이 한 학년에 한 명 두 명 있을까 말까고 공대 가는 게 너무 당연한 분위기였는데, 저희 때 90명 중 12명이 의대를 갔어요. 나중에 공대 졸업하고 의학전문대학원 등 간 친구들 합치면 90명에 33명이 의대, 치대예요. 01학번, 02학번 정도 가면 90명에 한 40~50명이 의대를 가게 됐죠. 그때는 과학고 나와서 의대 가는 것에 제한이 없었거든요.”

역시 고3 때 외환위기를 맞은 장은영(가명)은 지리교육학 전공인데, 비슷한 결의 간접 경험을 갖고 있다.

“저희 때 갑자기 사범대학 인기가 높아졌어요. 저는 고등학교 때 지리 선생님이 좋았고 여행 가는 거 멋있어

보여서 선택했는데, 안정적인 직장을 찾아야 된다는 분위기가 확 퍼진 것 같아요. 또 선배들의 말에 따르면 96년도에 '연세대 사태'[1] 이후 학생운동이 사실상 끊기고 신입생 분위기도 많이 달라졌다고 하더라고요."

전공의 실용성을 중시하는 각박함은 3집단 안에서도 외환위기 전에 대학교를 간 전반부에서는 약하게 나타난다. 금융권에 근무하는 김혜진(가명)은 고등학교 때 특별히 취업에 대한 고민이 없어서 전공 선택을 부모님 뜻에 따랐다고 했다.

"부모님이 남자는 경영이나 경제, 법학이고 여자는 어문계열, 딱 이렇게 말씀하셨어요. 그래서 오빠는 경영학과를 갔고, 언니와 저는 어문계열을 선택했죠. 그때만 해도 진로나 적성, 이런 고려가 약할 때여서 당연히 엄마 아빠가 말씀하시는 대로 과를 선택해야 된다고 생각을 했어요."

이처럼 3집단에서 전공 선택과 관련해서 두드러지게 감지되는 또 다른 사실은 전공 선택에 부모님의 영향력이 1집단이나 2집단에 비해 커졌다는 것이다. 문화와 예술의 시사적 해석으로 명성이 높은 중앙일보 문소영 논설위원 역시 3집단 전반부에 속하는데, 부모님 권유대로 전공을 정했다고 한다.

"부모님이 경제학을 하라고 하셨어요. 여자가 경제학 하는 거 멋있지 않느냐고요. 나중에 알게 된 내심은 교수가 되길 바라신 거였어요. 집에 딸만 셋인데, 그래서 더 '멋있는' 전공을 바라신 것 같아요."

자녀가 어떤 전공을 택하면 좋을지에 대해 부모 세대의 성별 관념도 점차 바뀌고 있었던 것 같다. 게다가 외환위기가 일깨운 경제적 안정의 중요성은 3집단의 전공 선택뿐만 아니라 이후의 커리어에도 깊은 영향을 미친다. 비록 94학번이 졸업 학년에서 외환위기의 타격을 입고 취업이 힘든 경험을 하지만, 3집단 여성이 25~29세에 경제활동에 참여했던 비율은 4명 중 3명이 넘는다. 취업이 확실한 대세가 된 것이다. 3집단의 미혼 여성이 25~29세에 경제활동에 참여하는 비율은 무려 96%였다. 커리어를 추구하는 경향이 강해진 것은 결혼 선택과도 물고 물리는 영향이 있었다.

〈표 5〉 연령대별 배우자가 없는 대졸 여성의 비율(%)

	25~29세	30~34세	40~44세	50~54세
2집단	50.1	18.5	11.2	16.7
1965~69년생	44.3	16.1	10.2	16.4
1970~74년생	55.9	20.9	12.2	17.1
3집단	**71.2**	**30.0**	**15.7**	
1975~79년생	66.8	26.9	12.9	
1980~84년생	75.6	33.0	18.4	

흔들리는 결혼관

〈표 5〉에 나타나는 것처럼, 3집단이 25~29세에 배우자가 없는 비율은 70%를 넘는다. 2집단은 이 수치가 50.1%에 불과했다. 5세씩 구분해서 보면, 25~29세에 배우자가 없는 비율이 2집단 전반에는 44.3%, 후반에는 55.9%, 3집단 전반에는 66.8%, 후반에는 75.6%로 꼬박꼬박 10%포인트 정도씩 증가했다. 이렇게 높아진 비율이 3집단에서도 30~34세에는 30%로 떨어지기는 하지만 이전에 비해서는 꽤 높은 수치다.

한 금융회사에서 집단 인터뷰를 하는데 2집단의 박정숙(가명)이 재미있는 이야기를 한 적이 있었다. 본인이 서른 살에 결혼을 했는데, 결혼 언제 할 거냐는 질문을 수시로 받다가 스물아홉 살이 되니까 주변에서 포기를 했는지 더 이상 질문을 안 받게 되더라는 것이었다. 같은 자리에 있었던 3집단의 박지영(가명)은 자기는 서른네 살까지는 질문을 받았는데 서른다섯 살이 되니 아무도 묻지 않더라고 했다. 10여 년 사이에 결혼 적령기에 대한 인식이 5년은 늦춰진 것이다.

결혼을 서두르지 않는 사회적 분위기가 생긴 것은 분명했지만 그렇다고 비혼을 편안하게 선택할 수 있는 환경은 아니었다. 특히 부모님이 자녀의 결혼을 해내야 하는 숙제로 여긴다는 말들이 나오기 시작했다. 이미경(가명)은 그때의 답답함을 이렇게 기억했다.

"대학 다니고 어렸을 때는 부모님 두 분 다 결혼 안 해도 된다고 그러셨어요. 그런데 어느 날부터 아빠가, 후배 딸이 스물네 살인데 결혼을 했다더라 등등 압력을 넣으시는 거예요. 집에 있으면 집에 있다고 뭐라 그러고, 나가면 쓸 데 없는 애들 만나고 다닌다고 뭐라 그러고… 오빠 친구 누구라도 잡으라고 하고, 난리도 아니었어요. 당시에 남자친구가 있었는데 이 사람과 결혼하면 이혼할 거 같다고 하니까 돌아올 친정 있으니까 걱정 말고 결혼하라고 하셔서 어이가 없었죠."

이미경(가명)은 부모님의 마음의 여유가 빠르게 사라진 이유로 아버지의 은퇴를 들었다. 박지영(가명)도 아버지 은퇴 즈음에 대해 또렷한 기억을 갖고 있었다.

"집이 대전인데 대학교 진학하면서 부모님과 떨어져 살게 됐거든요. 그러다가 취업하고 신입 때 대전으로 발령이 난 거예요. 7년 만에 집으로 돌아가서 3년을 같이 지냈는데, 그 시기가 하필 아빠 은퇴를 몇 년 앞둔 때였어요. 가자마자 결혼 압박에 싸우고는 처음 3개월은 대화 없이 지냈어요. 부모님이 맞벌이셨는데, 나는 그게 너무 싫었거든요. 학교 다니는 내내 부모님이 뭘 참여해주신 기억이 없어요. 엄마 사는 모습이 하나도 좋아 보이지 않는데 결혼을 하라 하시니 싸움밖에 안 되는 거예요. 그렇게 전쟁하듯 3년을 지내고 서울로 발령받아서 떨어지니 다시 평화가 왔어요. 그래서 한 2년은 의무방어전처럼 소개팅을 엄청 열심히 했죠. 그러다가 아빠 은퇴하시니 압력이 반으로 줄어들더라구요."

조명진(가명)은 부모님뿐만 아니라 직장의 분위기도 미혼/비혼에게 야만적인 면이 있었다고 했다.

"결혼을 우리 나이로 서른다섯 살에 했어요. 당시로서는 늦은 거죠. 결혼 전일 때인데, 회의하다가 내가 이건 이래서 안 되고 이렇게 해야 맞고 그런 식으로 얘기했더니 팀장님이 '그러니까 네가 결혼을 못하는 거야'라고 하시는 거예요. 지금 같으면 뭐라도 대꾸를 했을 텐데 그때는 그러면 사회 부적응자로 찍히는 분위기였어요. 어이없는 건 당시에 나한테 결혼 안 하냐고, (나이가) 계란 한 판이네 그러던 분들이 당신 딸 크면서는 결혼 안 시킬 거라고 그렇게 말씀하시더라구요."

이러한 갈등은 전통적 가치관에 머물러 있던 당시의 기성세대와, 학력이 높아지고 커리어 구축의 열의가 높아져 결혼을 미루거나 안 하기로 결정한 3집단 사이에 피할 수 없는 것이었다. 물론 결혼할 필요 없다고 말씀하시는 부모님도 계셨고, 결혼은 으레 하는 것이라고 생각하는 당사자도 많았다. 그러나 결혼을 당연시하는 가치관은 분명 크게 흔들리고 있었다.

이미영(가명)은 주변 친구들이 결혼한 뒤 아이 낳고 일을 그만두는 경우들을 보면서 결혼을 계속 미루게 됐다고 한다. 부모님의 압력도 컸지만 일 욕심으로 버텼는데, 지나고 보니 차라리 직장에서 맡은 책임이 적을 때 빨리 결혼하는 편이 나았겠다, 남들 다 하는 경험을 놓친 아쉬움이 있다고 했다.

3집단은, 1집단과 2집단에서 내려오는 전통적 가치관과 씨름하면서 각자의 상황에 맞게 다양한 방식으로 결혼과 출산을 풀어 갔다. 기존의 정답이 정답이 아니게 된 현실에서, 나만의 정답을 찾아나가는 과정은 사춘기의 방황처럼 혼란스럽고 갈등이 뒤따르는 일이었다. 이렇게 3집단에서 뿌리째 흔들려버린 결혼에 대한 가치관은 4집단에서 이전과 다른 새로운 패러다임으로 정비되어 더 확고하게 나타날 터였다.

출산이라는 숙제

젊은 연령에서 미혼 비율이 높아진 것은 일하는 비율이 높아진 사실과 밀접한 관련이 있다. 3집단이 25~29세일 때 배우자가 없는 비율은 70% 정도인데(**표 5**), 배우자가 없으면서 경제활동을 하는 비율은 (표에는 없지만) 95%가 넘었다. 반면 〈**표 6**〉에 나타나는 것처럼, 배우자가 있는 전체의 30% 정도 여성은 경제활동을 하는 비율이 55%를 약간 넘는 수준이었다.

결혼을 할 것인지에 대해 생각이 많아진 것과 동시

<표 6> 연령대별 대졸 기혼 여성의 경제활동참가율(%)

	25~29세	30~34세	35~39세
2집단	43.5	45.4	51.2
1965~69년생	41.3	43.8	50.5
1970~74년생	45.7	46.9	51.8
3집단	**55.7**	**53.4**	**57.2**
1975~79년생	53.4	52.1	55.3
1980~84년생	58.0	54.6	59.1

에, 결혼과 별도로 출산에 대한 고민을 한 것이 읽힌다. 김지혜(가명)는 결혼을 하고 아이를 가질지 고민한 경우다.

"나와 남편은 아이는 안 가지려고 했었어요. 그래서 결혼하고 짧지만 유학도 다녀오고 일도 열심히 하고 했던 것 같아요. 그런데 산부인과에서 35세부터 노산으로 분류한다는 얘기를 주변에서 많이 듣게 됐거든요. 결혼하고 서른 살이 넘어가면서 친구들도 그런 고민을 하더라구요. 남편과 정말 의논을 많이 했는데 결국 안 낳으면 후회할 것 같다는 결론에 이르렀어요. 나이가 있으니까 불임 클리닉에도 갔는데 다행히 자연 임신이 되었어요.

막상 첫째를 낳고 나니 남편이 둘째를 엄청 원하더라구요. 원래는 남편이 더 강하게 아이를 안 원하는 쪽이었거든요. 남편이 나를 열심히 설득하는 과정에 둘째가 생겨서 그렇게 둘을 낳게 됐네요.”

박지영(가명)은 결혼을 하지 않고 출산을 생각해본 경우다.

“아이를 갖고 싶은 시기가 한 번씩은 오는 거 같아요. 그래서 엄마한테 그런 얘기를 했어요. 그랬더니 엄마가 ‘네가 외국 나가서 직장 잡고 살 수 있으면 엄마가 같이 나가서 같이 키워줄게’ 그러시더라구요.”

3집단이 30대에 접어들기 시작하는 해가 2005년인데, 2007년 말에 당시 유명한 방송인인 허수경 씨가 배우자 없이 정자 기증을 통해 출산한 일이 있었다. 이후에 ‘생명윤리 및 안전에 관한 법률’(생명윤리법)의 규정이 강화되어 배우자가 없는 여성이 정자 기증을 통해 임신하는 길이 막혔다. 정자 기증을 받으려면 배우자의 동의가 반드시 있어야 하게 되었기 때문이다. 법규상 길이 열려 있었더라도 박지영(가명) 모녀의 대화에서 비치는 사회적 분위기가 있었으니 비혼 출산이 증가했을지는 알 수 없지만, 비혼 출산에 대한 관심은 미혼율의 상승과 함께 증가했으리라 짐작된다.

결혼을 했더라도 일하고자 하는 여성에게 직장에 커리어와 육아를 병행하는 롤 모델이 많지 않은 점도 쉽지 않은 여건이었다. 김지혜(가명)는 아이를 낳고도 커리어를 길게 가져갈 수 있는 선례를 만들고 싶었다고 했다.

"같은 업계에 친한 친구가 있는데, 둘 다 각자 회사에서 혼자 여자고 출산하는 경우였어요. 그런데 업계에 도는 전설 같은 이야기들이 있었거든요. 한 5~10년 선배들 얘기였는데, 출산휴가도 다 안 쓰고 복귀했다, 돌아오자마자 회식 있어서 술 마셨다, 그런 거요. 그래서 친구랑 '우리는 그러지 말자, 무용담 만들지 말고 쉴 만큼 쉬고 돌아와서 열심히 일하자' 그랬어요. 첫째 낳고 출산휴가와 육아휴직 붙여서 6개월 쉬고 복귀해서는 실적 평가 때문에 갈등이 좀 있었어요. 둘째 때는 아예 평가 기간에 대해 협상을 해놓고 출산휴가를 들어갔어요."

김지혜(가명)처럼 회사와 실적 평가에 대해 '협상'할 수 있는 위치의 근로자는 많지 않다. 여자든 남자든 말이다. 그러한 환경에서 출산은 많은 것을 희생하고 더 많은 것을 불확실성에 빠뜨리는 위험한 선택이다. 게다가 소수자가 겪는 불편함은 아주 사소할 수 있는 것부터 다양했다. 윤수진(가명)은 임신 중에 서러웠던 기억 한 조각을 꺼냈다.

"복장 규정 이런 게 있어서 여름에도 스타킹을 신어야 했거든요. 8월에 출산 예정인데 6월, 7월에 스타킹을 신으니 정말 너무 답답하고 배가 찢어질 것 같이 아픈 거예요. 그래서 대표님한테 저 스타킹은 이제 못 신겠다, 배가 너무 아프다 그랬더니, 네가 안 신으면 다른 사람도 다 안 신을 거 아니냐 그러시더라구요. 그래서 그런 건 모르겠고 숨을 쉴 수 없을 지경이니 예외로 해달라고 싸우다시피 해서 그렇게 했었어요."

출산을 한 어느 누구도 출산을 후회하거나, 아이를 양육하는 엄마이기 때문에 겪어냈던 커리어에서의 크고 작은 고비 혹은 손해에 대해서 억울하게 여기지는 않았다. 그저 커리어와 가정 다 할 수 있다는 평범한 선례를 남기고 싶었을 뿐이다. 하지만 3집단과의 인터뷰는 더 다채롭고 파란만장한 무용담으로 가득했다. 결혼을 하지 않거나, 결혼을 했지만 출산을 하지 않는 선택도 이들의 생각과 경험에 포함되어 있다는 것이 3집단과 선배 세대 간 확실히 다른 점이다.

임계 질량을 넘긴 이면: 경력의 단절

핵물리학에서 시작되어 사회학, 심리학, 경영학에까지 광범위하게 쓰이는 '임계 질량critical mass'이라는 개념이 있다. 의미 있는 변화를 일으키고 유지하기 위해 필요한 수나 양을 의미한다. 사회에서는 어떤 집단이 '소수자'의 위치에서 벗어나게 되는 비중을 임계 질량으로 볼 수 있다. 분야에 따라 다르지만, 젠더 정치학에서는 여성이 한 집단에서 30%를 넘기는 것을 중요하게 본다.

그러한 의미에서 3집단에 와서야 경제활동을 하는 여성이 비록 다수는 아니지만 그렇다고 소수자도 아닌 위치를 차지했다고 할 수 있다. 3집단은 30대 전반에 70%가 배우자가 있는 상태인데(**표 5** 참조), 대세인 기혼자도 경제활동에 참가하는 비율이 20대 후반부터도 처음으로 50%를 넘겼다(**표 6** 참조). 결과적으로 배우자가 있든 없든 3집단 전체적으로 20대 후반 이후 경제활동참가율이 60%가 넘게 되었고, 이는 일하는 현장에서 여성이 평균적으로 30% 이상 존재하게 되었다는 뜻이다. 드디어 '의미 있는 변화를 일으키고 유지'할 집단적 에너지를 갖게 된 것이다.

여성이 이전 집단에 비해 더 높아진 학력을 바탕으로 의미 있는 규모의 존재감을 보이게 되었지만, 사회의 물적, 정신적 인프라는 이를 뒷받침하기에 여전히 충분하지 않은 상태였다. 단적으로 3집단에서는 '경력 단절'이 명확하게 나타난다. 〈그림 6〉의 (가)에 나타나는 것처럼 배우자가 있는 3집단 전반부(1975~1979년생)와 후반부(1980~1984년생) 모두 경제활동을 하는 비율이 25~29세 때보다 30~34세 때 낮아진다. 3집단을 포함하여 전체 집단의 경제활동참가율을 비교한 (나)의 그래프를 보면, 3집단의 25~29세 경제활동참가율은 2집단에 비해서 껑충 뛰는 것을 알 수 있다. 그러던 이들이 30대에 들어 경제활동에서 확연히 빠져나간 모습을 보인 것이다.

3집단이 30대 전반인 시기는 2005~2015년이었다. 1장에서 기술한 것처럼, 우리나라의 대표적인 여성 관련 국책 연구기관인 한국여성정책연구원에서 '경력 단절'이 제목에 들어간 연구보고서가 처음 나온 해가 2008년이다. 같은 해 '경력단절여성 등의 경제활동 촉진법'이 제정된다. 이 법은 2021년에 '여성의 경제활동 촉진과 경력

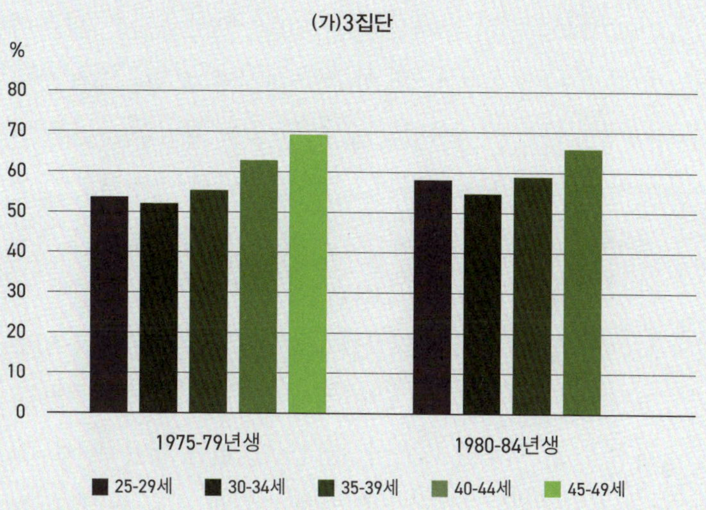

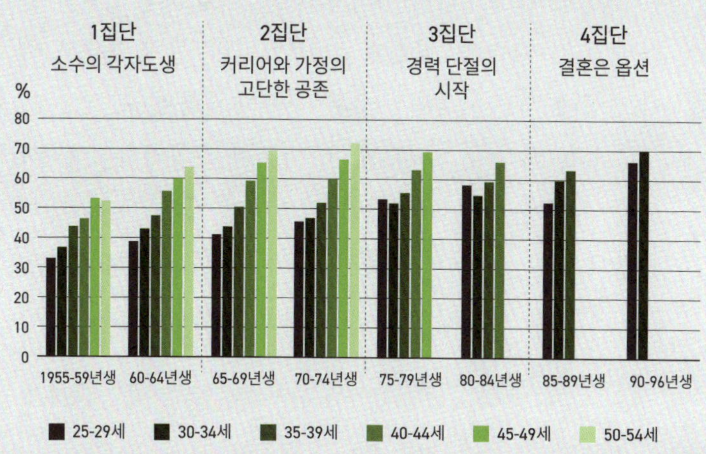

자료: 통계청 KOSIS 경제활동조사

단절 예방법'으로 명칭이 바뀌어 이어지고 있다.

　　이 법에 근거하여 경력 단절 여성에 대한 통계가 2011년부터 집계되었다. 30대에만 초점을 맞추어 2011년부터 경력 단절 상황을 파악해 보면, 〈그림 7〉의 (가)에 나타나는 것처럼 기혼 여성 중에 취업하지 않은 여성의 비율은 2015년까지 50% 정도에서 안정적으로 유지되다가 이후 감소하는 것을 볼 수 있다. 3집단이 정확하게 30대에 해당하는 2014년에도 기혼 여성의 절반 정도는 일을 하고 있지 않았다. 그런데 같은 그림에서 일을 하지 않는 기혼 여성 중에 전에는 일을 하다가 그만 둔 경력 단절 여성의 비율이 2014년에 뛰는 것을 볼 수 있다. 정확하게는 74.5%, 즉 일하지 않는 기혼 여성 네 명 중 세 명은 경력 단절 여성이었다. 이 통계는 전체 기혼 여성을 대상으로 하기 때문에 대졸 여성만의 상황을 가려낼 수는 없는데, 학력의 신장에 따라 전체 경력 단절 여성 중에 대졸 이상의 비율은 꾸준히 상승했다.

　　일을 하다가 그만두게 된 이유가 무엇일까? 한편에서는 커리어를 구축할 뜻이 처음부터 강하지는 않았던 집단이 있을 것이다. 금융권에 근무하는 김혜진(가명)은 결혼에 비해서 커리어에 대한 확고한 인식이 있었던 것은 아니었다고 했다.

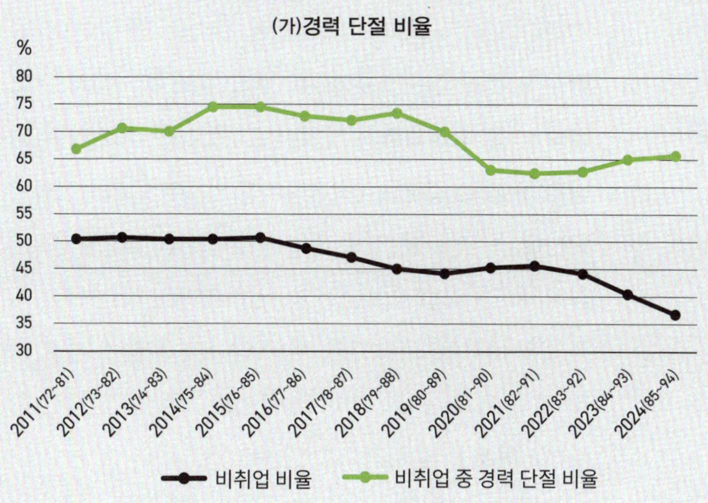

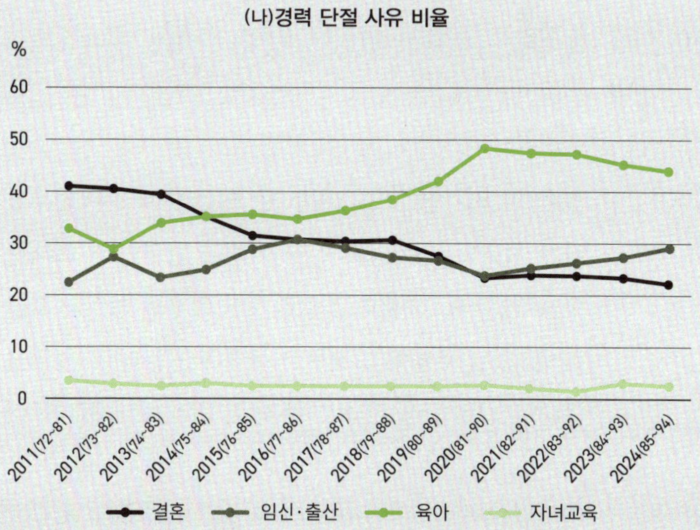

자료: 통계청 KOSIS 지역별고용조사

"머릿속에 전형적인 가족의 모습이 있었어요. 부부에 아이 둘이요. 취직을 할 때 사실은 결혼을 하고도 이렇게까지 오래 다닐 거라고 생각을 안했던 것 같아요. 그런데 남편을 같은 직장에서 만나고, 또 회사에서도 오히려 나를 배려해줘서, 성취감도 있고 하니까 계속 다니게 됐어요. 결혼한다고 했을 때 인사부서에서 전화가 왔는데, 누가 다른 데로 갈 거냐는 거였어요. 둘 다 본점에서 근무하고 있었거든요. 인터뷰 했는데 남편이 지점으로 나갔어요. 그때만 해도 여자가 지점에 가면 커피 타는 일 같은 걸 해야 했거든요. 그런 걸 아니까 인사부서에서 나를 지점으로 안 보냈죠."

결혼하면서 직장을 그만 둔 장은영(가명)도 반드시 일을 계속해야 한다는 결심이 있었던 것은 아니었다고 했다.

"은행에 입사한 지 6개월도 안 되었을 때 VIP 업무를 하게 됐어요. 당시 남자친구가 지금 남편인데, 그때는 학생이었어요. 외환이랑 같이 VIP 업무를 하면서 자산이 좀 있는 분들을 고객으로 접하게 됐는데, 그분들을 만나면 '그런 학생 만나서 뭐 하니, 내가 소개해줄게' 이런 말씀을 너무 많이 하시는 거예요. 그런 말이 그렇게 듣기가 싫더라구요. 게다가 당시에 남편이 유학을 가게 됐는데, 못 헤어지겠기도 하고… 사실 대학교에 다닐 때도 사춘기처럼 방황을 많이 했는데, 꼭 뭐가 되어야겠다, 꼭 뭐를 하고 싶다 그런 생각은 별로 없었던 것 같아요. 그래서 결혼해서 일 관두고 유학 가는 남편과 같이 출국했거든요. 그런데 막상 비행기 딱 내리니까 어디에도 소속되어 있지 않다는 게 너무 슬픈 거예요. 그래서 굉장히 고민하는 시간을 갖긴 했어요.”

3집단은 과도기적인 성격이 분명히 있었다. 〈그림 7〉의 (나)에는 30대 경력단절 여성의 경력 단절 사유가 나타나 있는데, 3집단이 반 정도 포함된 2011년의 가장 비중 높은 경력 단절 사유는 ‘결혼’이었다. 열 명 중 네 명은 결혼하면서 일을 그만두었다. 임신이나 출산이 사유가 된 경우의 두 배에 가까운 비율이다. 사실 결혼하면서 일을 그만두는 경우는 애초에 일을 하겠다는 의지가 아주 강하지는 않았다고 해석할 수 있는 부분이다.

공교롭게도 3집단이 정확하게 30대에 해당하는 2014년부터 경력 단절 사유로서 결혼이 차지하는 비중이 급격하게 떨어지기 시작한다. 2014년 경력 단절 사유는 결혼과 육아가 35.2%로 일치하고, 결혼의 비중이 떨어지는 자리를 육아와 임신 및 출산이 메우는 양상이다. 우리나라의 합계출산율이 1.2 이상으로 정체되어 있다가 갑자기 떨어지는 때가 2015년 직후인 사실과 연결 지어보면, 육아의 어려움이 부각되면서 출산 자체나 둘째 출산을 어렵게 생각하는 인식이 자리 잡은 게 이때인 것으로 보인다.

〈그림 7〉의 (가)를 보면, 일하지 않는 기혼 여성 중 경력 단절이 차지하는 비율은 70% 넘게 유지되다가, 3집단이 반 아래로 떨어지는 2020년에는 60%대 초반으로 줄어든다. 그 사이 가장 비중 있는 경력 단절 사유는 '육아'가 차지한다. 장은영(가명)이 전해 준 친구의 이야기는 버티고 버티던 엄마가 아이를 택하는 전형적인 모습이다.

"큰애끼리 동갑이어서 친해진 동네 친구가 있어요. 좋은 고등학교 나오고 좋은 대학교 나오고 LG 계열 회사를 쭉 다녔대요. 그런데 둘째를 임신하고 큰애가 친정어머니 도움도 받았다가 시어머니 도움도 받았다가 그렇게 전전하게 됐대요. 그게 너무 마음이 아파서 결국 회사를 그만뒀다고 하더라구요."

1, 2집단의 경력 단절이 결혼과 맞물린 것과 달리 3집단에서는 주로 출산과 맞물려 있다는 점이 흥미롭다. 3집단에서는 대학교 진학이 보편화되고 대학교를 졸업하면 취업을 하는 경향도 강해졌다. 대학을 졸업하고 커리어를 갖는 것이 여성들에게도 낯선 일이 아니게 되면서, 직장을 다니면서 결혼을 하거나 결혼 후에도 커리어를 이어가는 것에 대한 부담은 많이 줄었다.

만약 결혼이 커리어와 잘 맞물리지 않는다면 결혼을 미루거나 아예 하지 않는 것도 가능했다. 하지만, 여전히 결혼 결정에서 완전히 자유롭지 않았고 결혼을 해서도 일을 이어간다는 인식이 확고하지는 않았다. 출산을 하고 아이를 돌봐야 하는 새로운 역할을 수행하면서 커리어를 병행하기 위해 필요한 지원은 부족했기에 커리어를 내려놓게 된다.

1집단과 2집단은, 어차피 결혼 혹은 출산하면 그만둘 직장을 굳이 다닐 필요가 없다는 분위기에서 커리어를 갖기로 결정한 이들이 사회에 진출했다. 이들에게 경력 단절은 아예 고려대상이 아니었다. 반면, 3집단은 높아진 학력과 졸업 후 취업이 그다지 유별난 진로가 아니었기에 오히려 출산을 계기로 경력이 단절되는 현상이 더 뚜렷이 나타났다.[2]

그러나 3집단 중반 이후에는 경력 단절에 대한 인식의 전환이 느껴지는데, 1997년 외환위기를 대학교에 들어가기 전에 겪었는지 후에 겪었는지에 따라 전공 선택에 차이가 느껴지는 것과 연결된 것으로 보인다. 외환위기로 인해 생업의 중요성에 대한 각성이 커졌을 수 있는 것이다. 결혼을 했든 안 했든, 연령대에 관계없이 50% 넘게 경제활동을 하는 최초의 집단으로서, 3집단이 커리어, 결혼, 출산의 균형점을 찾아가는 과정은 우리 사회에서 여성의 커리어가 갖는 의미와 인구구조를 바꾸어 놓는 동력이 되었다.

버티는 스킬

1장에서 설명한 것처럼 3집단의 경력 단절은 역설적이게도 어린이집 같은 보육시설이 늘고 조부모 등의 친인척 도움이 상대적으로 감소하면서 발생한 것으로 보인다. 0~4세 영유아 인구 대비 전국의 어린이집 재원 비율은 2001년에는 23%에 불과했으나, 2005년에는 40%에 육박하고 2015년에는 63%가 되었다.[3] 잊을 만하면 터지는 어린이집 아동 학대 사건은 '육아'를 사유로 한 경력 단절을 부추겼을 것이다.

우리가 인터뷰한 3집단 중 일자리에서 버텨낸 여성들은 비교적 안정적인 육아 조력자를 찾은 경우였다. 김혜진(가명)은 '이모님'을 들였다.

"회사에 회식도 많고 일도 많고 야근도 많았어요. 주말도 체육대회며 팀 등산이며 뭐가 많았거든요. 회사에 시간을 굉장히 많이 투자해야 되는데 애한테도 또 그만큼의 투자를 해야 하잖아요. 남편은 남편대로 직장에 시간을 써야 하고… 도저히 여력이 안 되어서 둘째 생각은 못 하다가 여섯 살 터울로 낳게 됐어요. 나는 이모님을 많이 썼어요. 이모님을 쓰다 보면 불편한 점이 많은 건 사실이에요. CCTV도 달아야 되고, 그만두시면 광고하고 면접하고… 아이들 식단부터 여러 가지가 걸리거든요. 그래도 정말 힘들 때 회사 (여자) 부장님께서 이런 말씀 많이 해주셨어요. 집안일이든 뭐든 내가 잘 못하겠는 거는 외주 주라고요. 그래서 버틸 수 있었는데, 돈은 못 모았어요."

윤민지(가명)도 아이가 네 살 때부터 입주 육아 도우미를 쓰면서 삶이 바뀌었다고 했다.

"처음엔 남편이 자기는 불편해서 남과는 살 수 없다고
했어요. 그런데 내가 힘들어서 살 수가 없으니 설득을
했죠. 지금은 남편이 더 좋아해요. 와이프가 평화로워
지니 본인도 좋은 거죠. 이모님 없는 주말에 아이와 시
간 보내느라 일은 못 하는 아쉬움은 있지만 그래도 이
게 어디냐 싶어요."

그래도 가장 믿을 수 있는 조력자는 할머니, 할아버
지였고 특히 외할머니의 역할은 중요했다. 조명진(가명)
의 경험담이다.

"내가 늦게 결혼하다 보니까 엄마가 연세가 드신 상태
에서 애를 봐주신 거예요. 애가 어렸을 때 엄마가 거의
봐주셨고 초등학교 저학년 때까지도 도와주셨는데, 그
러다 아버지가 편찮으셔서 엄마가 못 봐주시게 됐어요.
그래도 당시에 애가 어느 정도 커서 내가 도움 받아가
면서 직접 할 수 있어서 다행이었죠. 사실 엄마가 봐주
실 때도 항상 불안한 마음이 있었어요. 어느 날 갑자기
부모님이 못 봐주시게 될 수도 있잖아요."

조명진(가명)처럼 친정 부모님이 아이들을 봐주신

박지은(가명)은 아이가 어느 정도 큰 지금 새로운 고민을 하게 되었다.

"부모님이 지방에 사셨는데 다 정리하시고 내 아이 봐 주신다고 서울에 자리를 잡으셨어요. 남편이 해외 주재 원을 계속 해서 부모님과 쭉 같이 살았어요. 최근에 들 게 된 고민이, 남편이 올해 또 주재원을 나가서 이번에 도 장기간 있을 것 같은데, 아빠가 팔순이시고 엄마도 곧 팔순이거든요. 두 분이 연로하시니까 두 분 건강 문 제도 걱정이고, 또 아이가 사춘기가 되어서 아이와 관 련된 건 이제 내가 다 해야 하는 상황이 된 거예요. 그 러다 보니까 솔직히 이제는 부모님께 도움 받기보다는 내가 돌봐드려야 하는 거죠. 그게 너무 정신적으로 압 박이 심해요."

안정적인 조력자가 있더라도 아이의 발달 과정에서 다양한 위기 요인이 발생하곤 한다. 특히 자녀의 초등학 교 입학 시기는 자녀 출산 이후 경제활동을 포기하도록 하는 '두 번째 위기'로 지적되어 왔다. 초등학교 입학과 더불어 발생하는 돌봄 공백의 증가가 이러한 위기의 가 장 큰 이유로 지목된다. 유치원까지 있는 '종일반'이 없어지고 1학년 초에는 아이가 점심 급식도 없이 귀가하는 급격한 여건 변화가 생기는 것이다. 아이 등교 시간이 아침 9시 가까이로 이르지 않다보니 등교시키고 출근할 수가 없는 것도 사소하지 않은 어려움이다. 육아휴직만 보더라도 가장 빈번한 경우는 출산 직후, 아이가 0세일 때에 몰려있지만, 그다음은 초등학교에 입학하는 만 6세일 때이다.[4]

교육열이 높은 한국에서 초등학교 입학으로 학업 성취도 경쟁이 공식적으로 시작된다는 점도 일하는 엄마의 고민을 무겁게 한다. 또 굳센 마음을 갖고 있더라도 학교에 들어간 이후 아이의 변화 하나하나가 엄마를 경계선으로 몰고 가곤 한다. 박지현(가명)도 그랬던 기억을 조심스럽게 털어놨다.

"일에 사명감을 갖고 시작했어요. 그런데 아이 낳고 키우다보니 점점 모르겠더라구요. 아이가 두 살 터울로 둘인데, 이모님이 계셔도 엄마의 역할이라는 게 필요하잖아요. 애들 키우면서 일을 관둬야 되나 말아야 되나를 계속 고민하게 됐어요. 큰애가 약간 정서적으로 불안정한 면이 있거든요. 그래서 큰애 3학년 때 육아휴직을 했었는데, 끝나고 복직을 하니까 큰애가 말을 안 하

    결혼 옵션 세대

더라구요. 표현 그대로예요. 말하기를 멈췄었어요. 그때 정말 그만둘 뻔했어요. 그런데 선배 언니들이, 아이 중학교 가면 관둔 거를 후회할 거라고 얘기들을 해서 위기를 넘겼어요. 애들한테 물어보니까 관두지 말라고 하기도 했고… 지금은 그저 감사해요.”

육아의 부담을 거의 오롯이 엄마가 지는 문제는 지금도 계속되고 있다. 특히 3집단은 2집단에 비해 커리어 진출은 훨씬 늘어났지만, 결혼에 대한 사회적 관념과 문화, 출산 및 육아를 둘러싼 여건이 커리어와 가정을 둘 다 가져가고자 하는 여성들의 마음의 속도를 쫓아가지는 못한 문제점이 두드러졌다. 직장과 사회 전반의 인식도 문제였지만, 더 가까운 관계에서 느끼는 이해 부족이 훨씬 더 힘들게 하는 경우도 많았다. 남편과 ‘시월드’에 대한 갈등은 3집단이 30대를 지내는 2010년대 내내 이슈가 되었다.[5] 주혜영(가명)처럼 참신한 시각이 생기기도 했다.

“나는 시댁도 직장처럼 생각해요. 시부모님을 내가 잘 모셔야 되는 상사라고 생각을 하면 하나도 스트레스 받지 않아요. 상사는 내가 고를 수 있는 대상이 아니잖아요. 주어진 환경이지만 나에게 큰 영향을 미치는… 나는 직장과 가정을 동일하게 놓고 생각하거든요. 내가 할 수 없는 건 내려놓고 잘못한 건 인정하고."

3집단은 활발히 경제활동에 참여하면서 결혼이 조금 늦어지거나 비혼을 선택하기도 했지만 여전히 결혼을 하고 아이를 낳는 것이 대세였다. 그럼에도 아이를 낳고 나서 경력을 유지하면서 어떻게 돌봄이 이루어졌는지를 보면, 이전 두 집단과 큰 차이가 없다. 1집단에서 3집단까지의 세월이 대략 30년인데, 여전히 일하는 엄마의 아이 돌봄과 커리어가 동시에 가능하려면 조부모와 이모님의 도움이 핵심이다.

육아 조력자를 찾는 것도, 비용도 다 각자 감당할 몫이었다. 그래서 일하는 엄마들은 사표를 품고 살았다. 아이를 제대로 돌보지 못했다는 생각이 드는 어느 밤, 힘들게 출근을 했는데 일터에서도 답답한 일을 당할 때, 둘 다 해낼 수 없구나 마음이 내려앉을 때, 남몰래 만지작거리는 최후의 카드였다. 이렇게 버텨낸 여성들이 직장에서 후배 여성들에게 어떻게 비쳐졌을까. 아이를 키우면서 이어가는 직장 생활은 여전히 고난의 행군이다. 영화로도 만들어진 소설 《82년생 김지영》이 영향을 미친 건 같은 세대의 3집단이 아니라 책이 출간된 2016년과 영화로 나온 2019년 당시 20대(M세대)와 10대(Z세대)였다. 3집단의 모습은 간접 경험으로 축적되어 고스란히 다음 집단에게 영향을 미칠 터였다.

골짜기를 지나

경력 단절이 두드러지는 3집단이지만 이전 집단들과 비교하면 모든 연령대에서 경제활동참가율이 높았다. 또한 30대 전반에 만들어졌던 경제활동참가율의 골짜기는 이후에 빠르게 오르막길로 바뀐다. 이전 집단들에서도 연령대가 높아지면서 최소한 50대 전반까지는 경제활동참가율이 올라가는 경향이 있었기 때문에 경력 단절이 어느 정도 해결되었는지는 별도로 볼 필요가 있다.

경력 단절에 초점을 맞춘 조사 결과에 따르면 2022년 조사시점에서 만 25~54세 여성 중 경력 단절을 경험한 여성은 42.6%였고, 이 중 재취업을 한 적이 있는 여성이 반이 넘는 50.4%였다.[6] 재취업을 해서 모두가 일자리를 유지하게 되지는 않지만 반 정도는 다시 경제활동에 합류하는 것이다. 그런데 이 조사는 대졸에만 초점을 맞추지는 않았기 때문에 3집단도 같은 경향일 것이라고 단정할 수는 없다.

일단 대졸자의 경력 단절 자체가 전체 여성 집단보다는 적게 나타날 것으로 예상되고, 일을 그만 두는 결정이 더 어려웠던 만큼 다시 일자리를 구하겠다는 결정도 어려웠을 수 있다. 특히 아이 돌봄이 이유였다면 아이는 어느 정도 지속적으로 돌봄이 필요하기도 하고, 높은 학력이 구직에 도움이 될 수 있지만, 다른 한편으로는 높은 학력에 많아진 나이가 더해지고 배우자의 소득까지 고려하면 조건이 맞지 않는 일자리를 찾아나설 동력이 떨어지기 때문이다.

학력과 관계없이 경력 단절 이후 취업을 한 여성의 경험을 보면, 이전에는 상용근로자였다가 임시직이나 자영업자가 되는 비율이 높고, 월 소득도 감소하는 것을 알 수 있다. 사실 경력 단절 이후에 일하기 더 좋은 조건이나 여건을 갖추기가 어려울 것이기 때문에 이러한 결과는 당연한 면이 있다.

여성의 경력이 출산과 함께 중단되는 것이 절대 일어나지 말아야 할 일인 것은 아니다. 아이와 가정을 돌보는 일에 전념하는 선택도 존중되어야 하고, 맞벌이를 하지 않아도 되는 경제적 여건이다 보니 재취업할 일자리에 대한 눈높이가 높아서 일하지 않는다면 굳이 문제 삼을 필요가 없다.

그러나 출산과 자녀의 양육이 커리어를 유지하지 못하는 이유가 되고, 경력 단절의 기록이 재취업을 하려고 할 때 흠결로 여겨진다면 문제다. 여성 개인의 행복을 위해서도, 그들의 재능과 역량을 놓친 우리 사회를 생각해도 큰 손실이다. 특히 경력 단절 후 이전보다 급여나 근로조건이 나쁜 일자리로 재취업을 하게 되면 여성과 남성의 임금 격차는 더 벌어진다. 이 모든 것을 꿰뚫어보는 여성이라면 출산에 대해서 다시 생각해보게 될 것이다.[7]

그러므로 '버티는 스킬'이 더욱 중요했다. 문제는 3집단을 지켜본 후배들에게는, 그들이 버텨냈든 버티지 못했든 상관없이 결혼과 출산이 감수할 만한 고난으로 비치기 어려웠을 것이라는 점이다. 이렇게 앞 세대의 경험이 장기간 축적되어 현재의 비혼과 저출생 현상에 영향을 미쳤다면, 이 현상은 단시간에 해결할 수 없는 것이다.

2025년 기준 40대인 3집단은 배우자가 있든 없든 60%를 훌쩍 넘는 경제활동참가율을 보인다. 신체적 활력으로나 축적된 경험으로나 사회생활에서 전성기이다. 잘 버텨냈으면 관리직을 수행할 시기이고, 육아로 인한 육체적인 피로도 점점 옅어질 때다. 다만 조직에서 동성의 롤 모델을 찾기 여전히 어려울 것이기 때문에 앞으로 어떻게 성장해야 하는가에 대해 지속적으로 불안한 마음이 있을 것이고, 대체로 하나뿐인 소중한 아이가 처해진 척박한 교육 현실 때문에 고뇌가 깊을 것이다.

특히 돌봄으로 인한 경력 단절이 특징적으로 나타나는 3집단에게 2000년대 중반 이후에 태어난 알파세대 자녀 교육은 지금 가장 심각하고 현실적인 문제다. 고학력과 경제활동의 경험을 갖춘 3집단은, 버티기 스킬로 30대 육아 집중기를 넘어 커리어를 지켰거나, 자신의 커리어 희생이라는 큰 기회비용을 치르고 가정을 선택했거나, 커리어에 오롯이 몰입해서 역량을 맘껏 펼치는 여성들이다. 이들이 가정과 사회에서 어떠한 가치관으로 역할하는가에 따라 가까운 미래의 대한민국 모습이 많이 달라질 것이다.

CAREER

MARRIAGE

결혼은 옵션:

4집단(1985~1996년생)

그들이 사는 세상

4집단은 밀레니얼M 세대(1985~1996년생)다. 보통 Z세대 (1997~2010년 출생)와 함께 MZ세대로 불리지만, M세대나 Z세대와 이야기 나눠보면 그들은 함께 묶이는 게 맞지 않다고 서로 말한다. 여하튼 기성세대의 관점에서 보면 MZ세대는 우리나라가 중진국에서 선진국으로 나아가는 시기에 태어났다는 공통점이 있다.

4집단 전반부(1985~1989년생)는 1986년 아시안 게임과 1988년 서울 올림픽을 치러내고, 경제성장률이 연평균 9.1%에 이르는 경제발전의 황금기에 출생하여 유년기를 보냈다. 4집단 후반부(1990~1996년생)는 1987년의 대통령 직선제로 상징되는 민주화 이후에 비교적 안정된 환경에서 출생했다.

그러나 1997년 외환위기로 모든 것이 바뀌었다. 많은 기업이 파산하고 대규모 구조조정이 일어났다. 이 시기에는 평생직장 개념이 사라지고 경제성장률이 5%대로 하락했다. 더구나 2008년 글로벌 금융위기로 사회 전반에 양극화가 심화되기 시작했다.

서울올림픽이 열린 1988년에 태어난 M세대 지혜(가명)의 삶을 시뮬레이션 해보자.[1] 지혜는 외동이다. 어머니가 3남매, 아버지가 4남매여서 사촌은 많다. 지혜 친구들은 대부분 외동이거나 형제·자매가 한 명 있거나 한다.[2] 지혜는 태아 성별 고지가 금지된 후 태어났다. 초음파 기기를 이용한 태아 성 감별은 1980년대 초에 도입되어 보편화되었는데, 남아의 출생 비율이 계속 높아지자 1987년에 의료법 개정으로 의사가 태아의 성별을 부모에게 알려주는 것이 금지되었다. 그렇지만 지혜가 초등학교를 다니는 동안 항상 한 반에 남학생이 서너 명

씩 더 많았다.[3]

　지혜가 초등학교 3학년 때 외환위기가 터졌다. 지혜의 아버지는 회사의 구조조정으로 직장을 잃었고, 사업을 하던 지혜 친구의 부모님은 회사에 부도가 났다.[4] 이 부모님들은 베이비부머 1세대다. 40세 즈음에 맞은 전례 없는 국가적 위기로 가장 왕성하게 경제활동을 할 시기에 직장에서 나오거나 직장이 없어지는 충격을 감수해야 했다.

　지혜의 부모님은 함께 경제적 어려움을 극복해 나갔지만, 지혜 주변이나 지혜 부모님 주변에는 이혼 가정이 늘었다. 이혼율은 내내 상승 추세에 있었지만 외환위기 직후 급증한다.[5] 이혼을 하며 직업 전선에 나선 어머니들도 늘었고, 이혼을 하지 않더라도 전업주부였던 어머니가 아버지를 대신하거나 생계를 돕기 위해 일을 나서는 일도 많아졌다. 당시로는 드물게 직장을 다니던 어머니가 남자 동료보다 먼저 구조조정 대상이 되기도 했다. 이렇게 부모님의 한숨과 근심 속에 지혜와 친구들은 자랐다.

　지혜가 태어나고 자라던 시기에 여전히 남아선호가 뚜렷했던 데 비해, 지혜가 학교에서 교육받는 환경에서는 차별이 두드러지지 않았다. 지혜의 어머니는 고졸의 전업주부였지만, 지혜가 대학교에 진학하고 취업하기를 바랐다. 2007년도에 대학교에 입학한 지혜 또래가 고등학교 때 사교육을 받는 비율은 전국적으로 60% 안팎이었다. 지혜도 당연한 듯이 수학, 영어 학원을 다니며 컸다.[6]

지혜가 대학교에 진학할 무렵 또래 고등학교 졸업생의 70%가 대학교에 진학했다. 여학생의 경우 M세대 초반만 해도 50%대였던 대학 진학률이 급격하게 상승하여 2007년부터는 60%대 후반에 안착했다.[7] 외환위기로 평생직장의 신화는 깨졌기 때문에 문과생이라면 로스쿨(2009년 모집 시작) 진학이나 공무원 시험을 준비하거나, 회계사, 세무사, 변리사, 노무사 등 국가고시를 통과해서 확실한 자격증을 따고자 했다. 이과생이라면 의·치·약학이 시대정신이 되어버렸다.

대학교를 다니면서 지혜는 학비와 생활비 마련을 위해 아르바이트를 하고, 좁아진 취업문을 뚫기 위해 스펙 경쟁에 뛰어들었다. 그러나 대학교 2학년 때인 2008년 글로벌 금융위기가 터지고 경제가 또 한 차례 크게 위축된다. 취업의 어려움에 높아진 긴장감은 여자대학교에 로스쿨, 의대, 약대가 있는 것에 대한 남성들의 불만으로도 나타났다.[8]

　　　　　　　　　　　　　　　결혼 옵션 세대

사회에 나오고 보니 대학교가 다 같은 대학교가 아니었다. 2010년을 전후로 수도권 규제 완화가 이루어지고 IT붐이 일었다. 판교 신도시가 생겨났고 청년들은 일자리를 따라 수도권으로 이동했다. 수도권이 당시 첨단산업의 성장으로 인기를 더해가는 반면, 지방은 중국이 '세계의 공장'으로 성장하는 동안 제조업 경쟁력을 잃으며 하락세로 접어들었기 때문이다. 어느 지역에서 태어났든 대학교 진학과 취업을 수도권에서 해결하는 게 상식이 되었다.[9]

그러는 한편 지혜의 20대는 2014년 세월호 침몰 사고, 2015년 메르스(중동호흡기증후군) 창궐, 여성 혐오 살해로 젠더 갈등을 점화시킨 2016년 강남역 살인 사건을 겪어내며 지나가고 있었다. 지혜가 대학교 3학년 때인 2009년 말 한국에 아이폰이 출시되면서 스마트폰 열풍이 일어난다. 스마트폰이 확산되면서 개인용 컴퓨터PC에 발이 묶여 있던 시절과는 차원이 다른 사회적 변화가 생겼다. 2010년대부터 모든 중요한 사건은 움직이는 대중에 의해 정보가 수집되고 전파되고 있다. 대중의 힘은 뚜렷한 구심력 없이 폭발적으로 커졌다. 사람들이 모이고 주목하는 온라인 커뮤니티와 그 인프라인 플랫폼이 중요해졌다.

변화의 속도가 빨라진 세상에서 일자리는 온통 비정규직이거나 경력직 채용 일색이었다. 취업을 해야 경력이 생길 텐데, 정규직 일자리에 계속 도전하면서 비슷한 직종의 비정규직을 옮겨 다니다 보니 어느덧 서른을 넘겼다. 지방의 중소기업은 수도권 대기업으로의 상승 취업을 위한 디딤돌이고, 대기업 공채는 수십 대 1의 경쟁률을 뚫어야 했다. 지혜가 4학년인 2010년 말 조사된 상장기업의 입사 경쟁률은 평균 71대 1이었다.[10]

취업의 고비를 넘어도 누구나 살고 싶어하는 지역에서의 내 집 마련은 퇴직 전에 대출금 상환이 가능할지 확실치 않다. 2005~2006년의 부동산 폭등은 어른들의 일이었지만, 서른 즈음에 겪은 2016~2019년의 부동산 폭등은 '월급 모아 내 집 마련'이라는 희망을 환상으로 만들어버렸다. 2016년 초와 비교하면 2025년 여름 서울 아파트 가격은 두 배 이상이 되었다.[11] 대출금을 상환하는 동안 노후 대비도 해야 하고 아이들 교육비도 감당해야 한다. 집, 노후, 아이들 교육 중 하나는 포기해야 된다는 직장 선배들 이야기는 흘려들을 농담이 아니다.

지혜처럼 부모로부터 경제적 지원을 받기 어려운 이들은 특히 절박하다. 그러나 힘든 시기를 큰 굴곡 없이 넘긴 부모 아래서 성장한 행운아라 하더라도 자신들의 삶이 부모의 궤적을 뒤따르기 어렵다는 것을 안다. 모든 것에 등급이 매겨진다. 부모, 대학, 부동산, 직장. 이 등급이 2020년대 중반 현재 30대인 지혜와 M세대 친구들이 보는 대한민국 사회, 그들이 사는 세상이다.

커리어에 대한 보편적 고민

평등하게 자라서 이전보다 더 높은 학력 수준을 갖춘 4집단 여성들에게 커리어 추구는 당연할 뿐 아니라, 고민의 1순위를 차지한다. 아이 돌봄 플랫폼 "맘편한세상"을 창업한 정지예 대표는 4집단 전반부(1985~1989년생)에 해당하는데, 여성이기 때문에 할 일에 제약이 있다고 생각해본 적이 없었다고 했다.

"나는 어렸을 때 할머니가 손자만 좋아하셨어요. 손녀는 안아주지도 않으셨고 남녀 따로 밥 먹었어요. 명절에 모이면 여자들은 항상 부엌에서 제사 준비하며 바쁘고 남자들은 TV나 보고 있었죠. 잔심부름도 손녀들만 하고요. 그런데 아버지는 전혀 그런 분이 아니셨어요. 전기전자공학을 전공한 분이셨는데 어려서부터 수학이나 과학을 쉽고 재미있게 잘 설명해주시곤 했어요.

내가 대학에 갈 때는 학부제를 할 때였는데 그래서 자연스럽게 공대로 들어갔죠. 1학년 1,000명이 열 개 반으로 나뉘었는데 내가 속한 반에 여자가 4명밖에 안 되긴 했어요. 그래도 그게 특별히 남녀 차이라고 생각하진 않았던 거 같아요. 다만 물리나 수학이 선행이 많이 안 되어 있어서 2학년 될 때 전기전자공학을 택하진 못했고 경영과 공학이 섞인 산업공학을 택했죠. 산업공학 공부하면서 경영학 수업들을 들으니 너무 재미있더라고요. 세상 돌아가는 걸 알게 되는 느낌도 들고. 그렇게 공부하다가 컨설팅 업계로 취업 목표를 잡았어요.”

정지예 대표와 마찬가지로 4집단 전반부(1985~1989년생)에 속하는 김수현 세무사 역시 여성이라서 제약을 느낀 건 아니지만 안정적인 직장을 바랐다고 했다.

“저는 선생님이 되고 싶었어요. 어머니가 안정적인 직장을 원하신 게 영향이 있었죠. 사범대가 안 되고 교직 이수가 가능한 전공을 생각해서 사회과학부를 선택하게 됐어요. 그런데 임용고시가 안 된 거예요. 별 스펙 없이 교육 플랫폼 회사에 들어가게 됐는데, 회사에 여자가 대부분이었지만 35세 넘는 분이 없었어요. 당시에 팀장님이 육아휴직에 들어갔더니 자리가 없어지고, 다른 일로 휴직했다가 복직을 원하시는 분이 복직을 못 하기도 하고 이런 일들이 회사에서 비일비재했어요. 또 복직을 한다고 해도 애를 키우면서 뭔가를 할 수 있는 환경은 전혀 아니었어요. 내가 결혼을 할 예정은 없었 지만 여기를 다니면 35세 이후로는 좀 어렵지 않을까 생각을 했죠. 한 3년 근무하고 퇴사했는데 친구 권유로 세무사 시험 준비를 하게 됐어요. 아직 20대 중반이었 으니까 결심할 수 있었던 거 같아요. 다행히 시험이 빨 리 되었어요. 내가 세무사 시험에 합격했을 때 여성 합 격자 비율이 30% 정도였던 걸로 기억해요."

진학과 커리어에 대한 성별 인식이 크게 약해졌지 만 그렇다고 완전히 사라진 건 아니었다. M세대 시작인 1985년생 이유진(가명)은 대학교 졸업할 때까지 크게 남 녀 차별을 느끼지 못했지만 전공을 선택할 때는 미묘한 영향이 있었다고 했다.

"내가 첫째고 두 살 아래의 남동생이 있어요. 여중·여 고를 동네에서 다녔고 대학교 진학을 할 때 사회학과 건축학 중에 고민을 했어요. 아버지가 건축학과 나오셔서 건축 관련 일을 하셨거든요. 저도 건축 관련한 일에 소질도 있고 관심이 있었고요. 그런데 아버지가 건축은 너무 힘들다며 내가 안 하길 바라셨어요. 그래서 사회학 전공을 하게 됐는데, 남동생은 아버지가 자신의 뒤를 이어 건축 전공을 하라 하시더라고요. 당연히 건축학과로 진학했고요. 재미있는 게 저도 결국 건축 관련한 일을 하고 있어요. 사회학 석사까지 하고 나서 여성영화제 스텝으로 일을 시작해서 사회적 경제에 관심 갖고 경력을 이어오다가 서울의 도시재생 사업 일에 관여하게 됐거든요."

거대한 자본에 인생을 맡기지 않겠다는 생각에 선택한 사회적 경제 분야는 안정과는 거리가 있었다. 이유진(가명)은 현재 서울을 비롯한 몇 곳에서 도시재생 사업을 포함하여 문화정책 연구용역을 하고, 강의도 하는 소위 N잡러다. 디자인과 미디어 영상을 전공하고 여성 수제화 사업을 하기도 한 최서연(가명)도 제약은 없었지만 성향의 차이는 있었던 것 같다고 말했다.

"여자애들이 어려서부터 음악이나 미술 학원도 더 다니게 되고 그러는 것 같아요. 초등학교 2학년 때부터 어

　　　　　　　　　　　　　　　　결혼 옵션 세대

머니가 일을 하셔서 소위 '학원 뺑뺑이'를 돌았는데, 미술을 꾸준히 해서 자연스럽게 진로를 정했어요. 사실 고등학교 진학할 때 어머니가 집안 형편상 예술고등학교를 보내줄 수는 없다고 했는데, 일반고 가서도 미술학원은 계속 보내주셔서 미술 분야로 전공을 정할 수 있었죠. 대학교 다니면서 인테리어 소품 숍에서 길게 일해보기도 하고 이것저것 진로에 대한 고민을 계속하다가 미디어 영상 전공에 편입도 했어요. 졸업 작품 전시회 하고 교수님 소개로 취업이 거의 결정됐었는데 친한 후배가 여성 수제화 사업을 같이 해보자고 해서 창업을 했어요."

우리가 인터뷰한 4집단의 진로 선택은 고민이 많았지만 거침은 없었다. 그들의 20대 행보에 결혼에 대한 고려는 크지 않다는 공통점도 있었다.

결혼, 더 이상 당연하지 않은

절반을 훌쩍 넘겨 대학교에 진학하고, 대학교를 나오면 으레 취업을 먼저 고민하다 보니 4집단에게 결혼은 우선순위에서 밀린다. 20대 후반에 배우자가 없는 대

〈표 7〉 연령대별 배우자가 없는 대졸 여성의 비율(%)

	25~29세	30~34세	40~44세
3집단	71.2	30.0	15.7
1975~79년생	66.8	26.9	12.9
1980~84년생	75.6	33.0	18.4
4집단	**82.8**	**49.0**	
1985~89년생	78.5	42.2	
1990~96년생	87.2	55.8	

졸 여성의 비율은 〈표 7〉에서 보는 것처럼 4집단 전반부 (1985~1989년생)에서 80%에 육박하고, 이후에는 90% 가까이로 올라간다. 30대 전반에 배우자가 없는 비율도 4집단에서는 절반에 근접한다. 인접한 3집단과 비교해도 꽤 큰 차이로 올라간 수치들이다. 우리가 인터뷰한 한 분은 결혼할 수 있었던 여건을 다음과 같이 말했다.

"나는 남편을 반려인이라고 불러요. 이 친구는 내가 하는 일을 뭐든 다 지지해요. 사회에서 일반적으로 말하는 남성과 여성의 역할이 있다면 오히려 남편은 여성의 역할을 하는 편이에요. 그러다 보니 결혼하면서 생활이 크게 바뀌진 않았어요. 어려서부터 결혼하겠다는 생각

을 딱히 가져보지 않았는데, 연애를 오래 했고 결혼하
자는 말 들었을 때 '그럼 하자' 이런 식으로 자연스럽게
한 것 같아요."

김수현 세무사도 자신의 커리어 진행과 결혼이 조화
롭게 흘러간 경우다.

"수습 세무사로 세무법인에 들어가는 건 어렵지 않았어
요. 여성이 합격률이 낮기도 하고 세무법인들에서는 여
성이 도전적인 성향이 많지 않다고 생각을 하는지 여성
을 잘 뽑았어요. 남성의 경우에는 수습 끝나자마자 개
업하는 경우도 많거든요. 여성은 개업을 빨리 안 하고,
더 중요한 건 개업할 때 거래처를 가지고 나가지 않는
경향이 있는 게 데이터가 쌓인 거죠. 수습 기간 합쳐서
2년 정도 근무했을 때 결혼했어요. 남편은 일하면서 만
난 공무원이었는데, 듬직하고 자상해서 결혼 결심이 어
렵지 않았어요."

결혼에 의지가 있는데 자연스러운 만남이 쉽지 않다
면 달리 동원할 수단들이 있기도 했다. 정지예 대표의 경
험담이다.

"소개팅을 100번은 한 것 같아요. 마음에 드는 사람 만나기가 정말 어렵더라고요. 컨설팅 회사에 다니던 20대 중반부터 커리어와 가족을 어떻게 양립할 수 있을지 관심을 갖고 있었는데, 주변에 결혼에 생각이 있는 여자들은 만나면 대화가 온통 어떤 사람과 어느 타이밍에 결혼할까였어요. 연애하는 친구가 '남자친구 부모가 나 일하는 거 반대해', '남자친구가 내 남자 동료들 불편해 해' 같은 얘기도 흔했고, '나 곧 승진인데, 승진하고 결혼해야 되겠지?', '박사 졸업하면 그때 사람 만나야겠지?' 이런 고민도 많았어요. 그러다 컨설팅 회사 거쳐 대기업에서 일하면서 향후 진로에 대해 심각하게 고민할 때였는데, 소개팅으로 만나 6개월 사귀고 있던 남자친구가 이런 말을 했어요. '너는 특이한 데가 있어서 어딜 가서도 스며들기 어려울 것 같다. 그냥 네가 맞다고 생각하는 일이 뭔지부터 생각해 보는 게 어때'라고요. 그 남자친구가 남편이 되었고, 나는 모두가 커리어와 가족을 양립할 수 있으면 좋겠다는 바람에 아이 돌봄 플랫폼 창업을 했어요."

이미 시장에는 만남을 주선하는 서비스가 성행하고 있었다. 이러한 서비스 중에 한국 사회에서 가장 먼저 대

중적 인지도를 쌓은 곳으로 '듀오'가 있다. 회사는 1990년대 중반 설립됐지만, 서울의 시내버스 등 대중교통과 방송을 통해 공격적으로 광고를 시작한 것은 2008년부터다. 4집단이 20대인 무렵에 이러한 서비스가 확산되었다는 뜻이다. 4집단 후반부(1990~1996년생)에 속하는 박지원(가명)은 결혼정보회사(결정사) 경험을 우리에게 공유해줬다.

"가치관이 맞고 인생을 함께 헤쳐나갈 파트너를 찾는 건 어려울 것 같다는 생각이 들어요. 그럼 이 어려운 일을 적극적으로 해결해야 할 만큼 내가 결혼을 원하는가 생각해보면 그게 아닌 거죠. 저희 할머니가 나를 결정사에 넣은 적이 있어요. 정말 싫었는데 결정사에는 나와 맞는 사람이 나올 리가 없다는 걸 검증하려고 몇 번 나갔어요. 그리고 내가 맞았죠. 지금은 결혼 상대를 찾을 시간에 커리어와 취미 활동에 투자를 하며 지내요. 결혼 상대를 찾는 것이 현재 나에게 우선순위가 아니거든요. 결혼 상대를 찾고 있지 않다는 것에 스트레스를 받지도 않고요. 결혼 상대를 찾는 노력을 하지 않으니 결혼 관련해서는 아무 일도 일어나지 않고 있지만, 실제로는 정말 바쁘게 지내고 있어요."

정말 흥미진진한 경험담이었는데, 특정 직업군들에 대한 비판이 담겨 있어 이 책에 그대로 옮기지 못해 아쉽다. 결혼을 전제로 남녀의 만남을 주선하는 서비스가 유행하다 보니 다른 한편으로는 결혼의 조건이 회자되었다. 이미 남녀의 대학교 진학률은 비슷하게 높아져 있는 상태였는데, 그 이상의 학력을 가진 여성은 오히려 만남 시장에서 불리하다는 소문이 많았다. 우리가 인터뷰한 한 분도 주변의 경험담을 들려주었다.

"회사 들어갔을 때 약간 위의 연차 선배들을 보면, 남자 선배들은 다 결혼했는데 학벌 좋고 똑똑하고 예쁜 여자 선배들은 결혼을 안 한 거예요. 그런데 결혼을 못 하고 있는 거라고 푸념처럼 말했어요. 소개팅에서는 거절되고 결정사에서는 형편없는 등급이 나오고 한다고요. 좋은 대학교 나오고 유학도 다녀오고 그러면 결정사에서 등급이 그렇게 낮대요. 그런 얘기를 듣는 게 세상이 왜 이렇게 불공평한가 싶은데 내가 뭘 할 수 있는 게 없잖아요."

결혼이 더 선택적인 대상이 되면서 결혼이 커리어 추구와 엇갈리는 경향은 오히려 줄어들었다. 〈표 8〉에 나

	25~29세	30~34세	35~39세
3집단	55.7	53.4	57.2
1975~79년생	53.4	52.1	55.3
1980~84년생	58.0	54.6	59.1
4집단	**59.2**	**64.9**	
1985~89년생	52.2	59.7	63.0
1990~96년생	66.1	70.1	

타나는 것처럼 대졸 여성이 기혼 상태에서 경제활동에 참가하는 비율은 3집단에 비해서 눈에 띄게 증가했다. 20대 후반보다 30대 전반에서 경제활동참가율이 더 높아지며 '경력 단절' 현상도 통계적으로는 사라졌다. 4집단 후반부의 30대 전반 경제활동참가율이 70%를 넘는 것은 기혼과 미혼의 경제활동참가율 격차가 거의 없어졌다는 것을 뜻한다. 커리어를 이어갈 수 있기 때문에 결혼을 선택한 것으로 해석할 수 있는 결과다. 또한 커리어는 결혼 상태를 계속 선택 대상으로 둘 수 있는 중요한 도구이기도 하다. 결혼에 중립적인 4세대 후반부의 한 분의 이야기다.

"모든 가정이 행복한 건 아니잖아요. 부모님 세대를 보면 이혼을 하고 싶어도 못하는 경우가, 여자가 커리어가 없어서 자립할 수 없기 때문인 경우가 많더라고요. 어머니 친구들 중에 자기 커리어 있고 능력 되는 분들은 이혼을 꽤 하세요. 그런데 전업주부는 그렇게 못하세요. 자기 스스로 부양할 수 있는 능력은 기본적으로 있어야 되는 것 같아요."

결혼 관념에 대한 인터뷰에서 느껴지는 또 다른 특징은 4집단 안에서도 전반부(1985~1989년생)와 후반부(1990~1996년생)의 태도가 다르다는 것이다. 전반부만 해도 '결혼하게 되면 하지 뭐'라는 입장이라면 후반부는 '결혼, 해야 해?'라는 태도다. 전반부든 후반부든 결혼이 당연하지 않은 그들을 결혼으로 이끄는 요소에 남성의 성향이 포함되는 것 같다. 우리가 4집단에서는 후반부 연령대에 속하는 남성 한 분도 인터뷰했는데, 내년에 결혼할 계획이라는 그분이 한 말에 4집단 결혼의 핵심어가 있었다.

"에겐남과 테토녀라고 요즘 얘기들 하잖아요.[12] 여자친구는 테토녀고 나는 에겐남에 가까워서, 여자친구는 커리어를 이어갈 욕심이 커요. 그런데 나는 내가 살림하고 육아할 의향이 있어요. 회사도 꼭 다니겠다기보다 적당할 때 퇴사하고 장사를 해보고 싶고요. 사실 아이를 가질 게 아니라면 굳이 결혼을 왜 할까, 정확히 말하면 혼인신고를 왜 해야 할까, 그냥 둘이 같이 살면 되지 이런 생각을 제 또래들은 많이 하는 것 같아요. 그래서 결혼을 하겠다는 결정을 할 때까지 여자친구가 본인 커리어와 집안일, 육아에 대한 내 태도를 계속 확인했어요.”

각종 설문조사에서 나타나듯이 결혼을 해야 하는지에 대한 망설임이 여성에게서 더 강한 게 현실이다 보니, 결혼과 관련된 불안감을 누그러뜨리는 데 남성이 대화에 적극적이고 부드러운 성향을 가진 것이 도움이 되는 듯하다. 그리고 이러한 경향의 배경에는 이른바 젠더 갈등을 확산시킨 사건들이 있었다.

여성과 남성의 까칠한 공존

2018년은 대한민국에서 ‘미투me too 운동’이 크게 일어났던 해다. 한 여성 검사에 의해 검찰청 내부 성 추문이 폭로되며 시작된 미투 운동은, 사회 각 분야에서 여성 인권이 유린되던 현실이 폭발적으로 터져나오며 전개되었다. 인지도가 높은 정치인, 예술가, 연예인 등의 악행이 공개되고, 그들이 법적 처벌과 대중의 비판으로 몰락하면서 사회 전반의 분위기가 크게 바뀌었다. 대한민국의 성인지 감수성이 한껏 예민해져 있는 상태에서 2018년 후반부터 '버닝썬 사건'이, 2019년에는 이른바 'N번방 사건'이 터졌다.[13] 4집단 후반부(1990~1996년생)가 20대 초·중반일 때다. 우리가 인터뷰한 한 분은 이 사건들이 본인 삶에 미친 영향을 이렇게 밝혔다.

"버닝썬이나 N번방 사건으로 큰 충격을 받았어요. 특히 N번방 사건은 참여자 수가 엄청나게 많았잖아요. 전에는 어느 사회나 이상한 사람들이 있지만 이들은 언제나 소수고, 대다수의 사람들은 그렇지 않을 것이라고 생각을 했거든요. 그런데 평범한 사람들이 그렇게나 많이 이런 걸 소비한다고 생각하니까, 길 가면서도 '저 사람도 가입돼 있을까', '지금 길거리에 보이는 사람 중에 몇 명이 거기에 가입돼 있을까' 이런 생각이 들면서 너무 역겹더라고요. 저뿐만 아니라 친구들도 무력감을 느낀다는 얘기를 많이 했어요. 시간이 많이 지났지만 이

　　　　　　　　　　　　　　　결혼 옵션 세대

후에 좀 냉소적이 된 것 같아요. 전에는 성별 상관없이 대화가 잘 되면 친구가 될 수 있다고 생각을 했다면, 지금은 굳이 이성 친구를 만들고 싶지 않다는 쪽에 가까워요."

사건의 충격이 다 지나가기도 전에 코로나19로 격리와 사회적 거리두기가 시행되면서 인간적 교류는 끊기고 온라인 공간에서의 갈등은 더 첨예해졌다. 우리가 인터뷰했던 한 분은 게임업계에 종사했는데, 젠더 갈등이 회사 내 여성 직원들의 생계를 위협할 정도로 심각했다고 말했다. 그리고 그 사례로 '로보토미 논란'과 '넥슨 손가락 논란'을 꼽았다.

"대부분이 남성인 게임 유저들이 게임 장면이든 홍보물이든 자기들이 봤을 때 이거는 뭔가 페미니즘적이라고 생각이 들면 다 조사를 하는 거예요. 예를 들어 게임 개발팀에 여자가 있으면 그 사람이 무슨 트윗을 했는지 이런 거를 다 파헤쳐서 커뮤니티에 신상을 공개해요. 심지어 타겟이 된 회사 앞에서 칼 들고 협박해서 직원들이 재택근무한 경우도 있다고 해요. 조금이라도 페미니즘적 성향을 가졌다고 보는 여성 직원들은 아예 낙

인을 찍어서, 회사가 이 사람 고용하면 게임을 불매하겠다는 협박도 많았고요. 개인적으로 위협을 받는 경우도 있다고 들었어요. 게임에 들어가는 그림을 그리는 여성 직원이었는데, 이 분이 인터넷에 쓴 글을 누가 캡쳐해서는, '당신 그림 팔로우하는 사람들 대부분 남자인 거 아는데 커뮤니티에 당신 페미니스트라고 올리겠다', '당신 그림으로 돈 못 벌게 하겠다' 협박을 했대요. 이런 일이 생기면 회사는 고객이 원하는 대로 맞춰줄 수밖에 없어요. 디자인도 미리 검열을 하고 기존 디자인은 다 수정을 하는 거죠. 고객 대응하고 제품 다시 만들고 하려니 야근, 철야로 힘들어지고, 그 원망은 고스란히 해당 여성 직원에게 돌아옵니다. '이게 다 페미들 때문'이 되는 거죠.

직장에서 이런 일이 생기면 여성들은 공연히 가해자 취급을 받게 되니 억울하지만 딱히 하소연할 데도 없죠. 괜히 말을 꺼냈다가는 더 논란만 일으키고 곤란한 처지가 될 수 있으니까요. 그래서 직장에서는 여성 문제나 젠더 이슈에 대해 아예 말을 하지도 섞지도 않고 그런 건 잘 모른다 이렇게 의견을 내지 않는 식이 되요."

언론에서도 크게 다뤄진 특정 산업의 극단적인 사례

일 수도 있으나 일상생활에서도 여성이 경험하는 긴장은 커졌다. 이전에도 여성이 술을 많이 마시지 않거나 담배를 피우지 않아서 가뜩이나 소수인 여성이 직장에서 더욱 소외된다는 경험담이 많았지만, 페미니즘에 대한 갈등이 직업 현장에 추가된 것이다.

"회사 사람들과 쉬면서 이야기 중이었는데 남자 동료가 좀 선정적인 농담을 하기 시작했어요. 그런데 갑자기 '우리 이러다가 미투 당하는 거 아니야? ○○님, 우리 신고하면 안 돼요.' 이러는 거예요. 또 한 번은 남자 동료가 여자 친구가 너무 짧은 치마를 입어서 뭐라고 했다가 싸운 얘기를 하기에, 신문 기사에서 읽은 기억이 나서 별 생각 없이 '그런 것도 데이트 폭력이 될 수 있대요'라고 했다가 분위기가 싸늘해졌어요. 그러더니 '○○님, 그쪽이에요?' 묻더라고요. 전 '그쪽'이 뭔지 알아듣지도 못했다가 나중에서야 이해했어요."

과거에는 아무렇지도 않았던 남성들의 언행에 제동을 건 사회적 대가가 여러 방면으로 불거져나오고 있는 것이다. 남성들은 바뀐 세상을 불편해 하고 때때로 분노한다. 여성들은 마땅히 지켜져야 했던 인간적 권리를 여전히 주장해서 받아내야 하는 것인가 피곤하고 답답해 한다.

먹고살 만한 나라에 태어나서 평등한 교육을 받고 성장한 4집단 여성의 입장에서는 남성을 설득하는 수고를 감수하기보다는 그들로부터 멀어지는 선택을 할 수 있다. 여성이 불합리함을 참지 않고 남성이 불합리함에 공감하지 못할 때 서로 소외되는 골이 깊어진다. 게다가 그 선택은 자아실현과 경제적 독립에 유리한 커리어 추구와도 결을 같이 한다.

젠더 갈등을 점화한 사건으로는 2016년 강남역 살인 사건이 꼽힌다. 20대 여성이 주점의 남녀공용 화장실에서 낯선 남성에게 살해당한 사건이었다. 가해자가 화장실에 머무르며 여러 명의 남성이 다녀간 후 처음 들어온 여성을 흉기로 살해하여 여성 혐오성의 무작위 살인으로 큰 충격을 일으켰다.

2010년대부터는 교제폭력(일명 데이트 폭력)에 대한 보도도 늘고 있어서 신변 안전에 대한 여성의 경각심이 커졌다. 스스로를 지키기 어려울 수 있다는 생각은 무섭고 무력감을 준다. 이러한 감정을 사회 역시 공유한다는 인식을 여성들이 갖도록 하는 방법은 그러한 범죄자들이 합당한 벌을 받는 것인데, 과거의 결과들을 보면 여성이 치를 떠는 범죄의 피의자가 여성이 생각하기에 합당한 벌을 받아왔던 것 같지는 않다. 다행히 이러한 괴리는 위에 언급한 사건들에서부터 줄어들고 있는 것으로 보인다. 물론 그렇다고 하더라도 근본적인 공포와 무력감을 없앨 수는 없다.

"남동생과 말이 잘 통하는 편이에요. 그런데 안전에 관한 문제에서 답답한 게 느껴져요. 친구들도 그렇고 나도 밤에 혼자 집에 올 때 좀 한적한 곳에서는 이어폰도 안 끼고 상당히 긴장하거든요. 길 가다가 술 취한 아저씨가 말 걸면서 잡아서 엄청 놀라고 무서웠던 적도 있어요. 그런데 남동생은 내가 과민 반응한다고 하더라고요. 그 다음부터는 말을 안 하게 되죠."

이렇게 서로 다가가기도, 함께 어울리기도 어려운 분위기로 바뀌면서 친밀한 공존은 까다로운 관문을 통과해야 가능한 것이 되고 있다. 우리가 인터뷰한 4집단 남성은 결혼 결정에 이르기까지 수많은 검증을 거쳤다고 했다.

"(N번방 사건 등이 터지면서) 한남이라는 단어가 생겨날 정도로 여성들의 남성 혐오가 꽤 커졌다고 봐요. 언론에서 자꾸 다루니까 현실보다 과장된 면이 있을 수 있겠지만, 피부로 와닿을 만큼 주변에 사례들이 있었어요. 연애를 하다가 젠더 갈등에 대한 토론 주제가 나오면서 헤어진 경우도 굉장히 많이 봤고요. 요즘엔 상대가 가지고 있는 사고방식 같은 걸 서로 검증하고자 하는 경향이 더 커졌어요. 얼마 전에도 여자친구와 여성 할당제에 대해 이야기를 나눴는데요, 확실한 건 여자친구가 느끼는 두려움이에요. 커리어를 결코 포기할 수 없는데, 결혼을 하고 아이를 낳는다면 원활하게 커리어를 이어갈 수 있을지에 대해서 아직 의문이고 두려운 거죠. 그래서 '당신이 나를 전적으로 지원해 줄 수 있을 거라는 믿음이 있어야 아이를 낳을 결심을 할 수 있을 것 같다'라는 맥락이에요."

이전과 수준이 다른 예민한 감수성으로 서로를 이해하려 하지 않는 한, 공존은 쉽지 않다.

출산, 시간과의 싸움

친밀한 공존, 결혼을 선택한 경우라도 이제 아이

를 낳는 것이 당연하지 않게 되었다. 게다가 아이를 낳기로 결심해도 또 다른 벽을 만난다. 바로 나이다. 이전 집단에 비해 훨씬 각박해진 취업 환경으로 경제생활이 어느 정도 안정되기 시작하는 연령이 점점 늦춰지고 결혼도 늦어지게 되자 첫 출산이 가능한 연령도 높아졌다. 2015년에 집계된 여성의 평균 초혼 연령이 딱 서른 살이다. 4집단의 첫 출생 집단인 1985년생은 2015년에 서른 살이 되었다. 2015년 남성의 평균 초혼 연령은 32.6세였다. 4집단 여성이 결혼을 하는 경우 대체로 2~3살 많은 남성과 서른 살 이후에 결혼한다고 생각할 수 있다.

보통 가임 연령을 15~49세로 잡지만 그 기간에 임신할 수 있는 신체 능력이 일정하게 유지되진 않는다. 의학적으로 30세 이하의 여성이 한 달 중 임신이 되는 가능성은 약 20%인 반면, 40세 이상의 여성이 수태할 가능성은 약 5%정도로 추산된다고 한다.[14] 35세부터의 임신은 '고령 임신'으로 분류되어 임신 중 추가 검사를 거쳐야 한다. 서른 살을 넘겨 결혼한 후 임신을 할지 말지 고민하며 몇 년을 보내고 나면 정말 시간에 쫓기는 상황이 되는 것이다.

37세에 첫 출산을 한 4집단 전반부의 이유진(가명)은 임신 결정과 출산을 이렇게 설명했다.

"결혼은 오래 사귀던 사람과 자연스럽게 했지만, 아기는 진짜 생각 없었어요. 그런데 저희 부모님이 너무 기다리시는 거예요. 몇 년의 압박을 견디다가 '그래 한번 해보자, 생기면 낳고 병원 가거나 하지는 말자' 정도 생각으로 시도를 했는데 6개월 만에 아기가 생겼어요. 아기를 낳고 육아휴직을 하니 '내가 다시 사회생활을 할 수 있을까' 그런 생각이 많이 들어서 너무 우울했어요. 아기를 16개월까지 키우고 어린이집 보내고 일을 다시 시작할 때까지 마음이 정말 힘들었던 것 같아요. 아이 가지라고 권한 부모님 원망도 많이 했고요. 이제 일을 하니 아이가 더 예뻐요. 그래도 나이 생각하고 경험한 걸 생각하면 둘째는 엄두가 안나요."

의학의 도움을 받지 않은 이유진(가명)은 그래도 운이 좋은 경우다. 2025년에 국가기관이 발표한 2022년도 난임 시술 통계를 보면, 8만 명 가까운 사람들이 20만 건 넘게 난임 시술을 받았다. 시술을 받은 사람들의 평균 연령은 37.9세였다. 난임 시술 건수는 2019년에 비해 36.7%가 증가했다.[15] 난임 시술에 의한 출산도 증가하면서 쌍둥이 등 다태아 출산율도 올라갔다. 한국의 다태아 출산율은 이미 세계적으로 높은 수준이다.[16]

스스로 딩크DINK, Double Income, No Kids라고 얘기하는 윤예지(가명)는 아이를 낳지 않는 결정에 대해 이렇게 말했다.

"연애할 때부터 이미 합의를 했어요. 어머니가 어려서 부터 여자가 일을 해야 한다는 주의셨거든요. 그런데 나는 워라밸을 믿지 않아요. 일을 전력으로 하면 생활의 여유를 즐기는 게 가능할 것 같지 않거든요. 그래서 일을 중심에 두고 결혼은 하지만 아이 갖기는 접은 거예요. 영국에서는 사귀고 동거하게 되면 반려견을 키운대요. 강아지를 함께 돌보면서 '이 사람이 함께 아이를 키울 수 있는 사람인가' 판단한다는 거죠. 그러고 결혼하면 출산한대요. 우리 부부도 반려견을 함께 키우고 있는데, 첫 3개월은 정말 엄청 싸웠어요. 둘 다 일하니까, 먹을 거 사두고 챙겨서 주고 특히 산책시키고 하는데 하나하나 기싸움을 하게 되더라고요. 지금은 괜찮기는 한데 그래도 아이 낳아 키울 자신은 없어요. 시계가 째깍째깍 가는 건 느껴져요. 이러다 낳고 싶어도 못 낳는 때가 올 거라고요."

시간은 4집단에게만 흐르고 있지 않았다. 4집단이

아이를 낳을 때 할머니가 된 그들의 어머니도 연세가 들어 있었다. 1집단이 출생할 때는 40대 할머니도 있었는데, 이제는 예순에 가깝거나 60대다. 마음이 있어도 손주 봐줄 체력이 부족할 수 있게 된 것이다. 4집단 전반부의 한 분이 큰애를 출산하고 특히 힘들었던 기억을 털어놓았다.

"큰애를 낳았을 때가 개업하고 좀 안정이 됐을 때에요. 그래도 내가 자리를 비워야 하니까 남편이 일을 도우려고 육아휴직을 했어요. 아이 가질 때 어머니가 봐주시겠다고, 낳기만 하라고 하셨거든요. 그래서 어머니 집 근처에서 살고 있었는데, 산후조리원에서 나온 후에 어머니가 일주일 아기 보시더니 여기저기가 너무 아파서 못 봐주시겠다고 통보를 하신 거예요. 일단 우리끼리 해보자 했는데 우리도 젊지만은 않으니까 너무 피곤하고 자꾸 싸우게 되더라고요. 결국 어머니는 돌아오지 않으셨고 이모님 쓰게 됐어요."

결국 입주 도우미를 쓰게 된 그분은 '돈으로 평화를 샀다'라고 표현했다. 아이와의 친밀감 형성에 문제가 있거나, 질병 등 건강상 사유, 도우미 본인의 집안 사정으로, 또는 외국인 도우미인 경우 비자 문제 등의 이유로 입주 도우미의 근무기간이 불안정하거나 사전 예고 없이 중단되는 경우도 많지만, 커리어에 매진하는 부부가 부모님 도움 없이 돌 되기 전 아이를 키우는 데에는 도우미가 최고의 선택지다. 국공립 어린이집 등에서 0세 아이부터 받고 있음에도 불구하고 많은 부모들이 돌 전 아이는 가정 보육을 원하는 것이 현실이기 때문이다. 도우미를 쓰는 가정에서는 CCTV도 일상이 되었다.

롤 모델을 기다리며

인구학적 측면에서도 4집단의 M세대는 이전 세대와 확연히 구분된다. M세대는 대략 합계출산율이 1.6명 선에서 유지된 세대이고, Z세대는 1.5명에서 1명대로 합계출산율이 내려앉은 집단이다. 합계출산율은 가임기 여성(15~49세)이 가임 기간 동안 낳을 것으로 예상되는 평균 출생아 수다. 4집단의 부모 세대인 1집단이 1960~1970년대 적극적인 가족계획사업이 펼쳐질 때 태어나 자라면서 세뇌되도록 노출된 구호들 '아들딸 구분 말고 둘만 낳아 잘 기르자', '잘 키운 딸 하나 열 아들 안 부럽다'를 본인들이 실현한 셈이다.

　　1980년대부터 저출생과 인구 위기가 언론과 인구학자들의 화두였지만, 별다른 정책적 대응은 없었다. 1984년에 인구 유지 수준인 2.1명이 무너지고, 1990년대 초반 1.76명까지 호조를 보이던 합계출산율이 1996년에 1.57명으로 다시 떨어지고 나서야 인구 억제 정책이 공식 폐지되었다.[17] 평균 자녀 수가 1명 수준으로 적어지면서 부모의 전폭적인 지원이 이루어졌다. 덕분에 부모 세대에 비해 높은 대학 진학률을 달성하고 여성들도 커리어를 갖는 것이 당연해졌다. 그러나 가족을 부양하면서 자신이 바라는 수준의 삶을 위한 경제적 기반을 마련하는 것이 이전 세대보다 힘들어지다 보니 결혼과 출산이 늦어지고 비혼, 딩크도 흔해졌다.

　　각 집단이 그들이 만난 세상, 배운 세상, 경험한 세상이 다르기 때문에 서로 이해하는 것이 쉬운 일은 아니다. 그러나 M세대가 당면한 문제와 그들의 선택이 기로에 있는 대한민국의 미래를 어디로 이끌지에 중요하다면, 그들에게 설명의 의무가 있는 게 아니라 기성세대에게 이해의 책임이 있다.

　　앞선 세대들은 4집단에게 롤 모델이 되지 못했다. 물론 어떤 집단에게도 롤 모델이 쉽게 나타나진 않았다. 그러나 더 많이 배우고, 더 진취적이며, 더 거친 경쟁을

　　　　　　　　　　　　　　　　　　결혼 옵션 세대

맞닥뜨린 4집단의 여성들은 더 열심히 그들에게 주어진 여건에서 최선의 길을 뚫는 데 빛을 던져줄 롤 모델을 찾았던 것 같다.

만족스러운 안내자를 구하지 못한 이들은 어쩌면 서로에게서 답을 찾을지도 모른다. 다양한 온라인 커뮤니티는 친정어머니보다 든든한 연대감을 주는 집합체일 수 있다. 직장에서도 지금 이 현실을 같이 겪어내고 있는 여성 동료가, 출산하고 3주 만에 업무에 복귀했다는 전설 같은 이야기의 주인공인 여성 임원보다 훨씬 힘이 될 수 있다.

이들을 응원한다면 기성세대가 할 일은 이들을 이해하고, 돕고, 이들이 바라는 방향으로 제도가 바뀌도록 관심을 갖는 것이다. 여성들이 능력이 아니라 성별 때문에 직장에서 좌절하지 않도록 업무 현장에 있는 모두가 서로 노력해야 한다. 젠더 갈등을 자극하는 정치세력이나 언론을 배척하여 그러한 갈등에 기생하는 생태계가 저절로 작아져야 한다.

저출생 현상이 진심으로 걱정된다면 다음의 목록을 봐주기 바란다. 우리가 인터뷰한 4집단의 육아 정책에 대한 희망사항이다.

- 육아휴직이 필요하다. 아빠도 엄마와 동일한 기간의 휴직을 할 수 있도록 해줘야 한다. 엄마와 아빠가 번갈아 육아를 맡을 수 있도록 하는 순차 휴직이 바람직하다.

- 육아휴직보다는 단축 근무, 유연 근무 등으로 커리어에서 떠나지 않고도 아이를 양육할 수 있는 여건이 되면 더 좋다.

- 육아휴직 급여가 고용보험에 가입된 근로자로 한정되다 보니 자영업자는 사각지대에 놓여 있다. 특히 소규모 자영업자에게 휴직은 아예 없는 옵션이다. 이들에게 출산은 매우 어려운 결정이다.

- 육아 도우미는 필수다. 어린이집이나 유치원에 다니더라도 아이가 아플 때, 부모의 업무 때문에 정시에 등·하원을 못할 때 등 변수가 많다. 믿을 수 있으면서 비용도 감당할 수 있는 수준에서 육아 도우미 도움을 받을 수 있어야 한다.

- 육아 도우미가 있어도 진짜 응급 상황에서는 아픈 아이를 부모가 볼 수 있는 게 최선이다. 이런 상황에 대한 직장의 수용성은 어떻게든 개선되어야 한다. 당장은 회사나 동료 직원들에게 부담이 될 수 있다. 하지만 예정에 없던 휴가나 조퇴가 필요한 아이의 응급 상황은 사실 그렇게 자주 발생하지 않는다. 몇 번의 응급 상황 때문에 능력 있는 직원이 회사를 그만두어야 한다면 그 손실은 회복 불가능하

게 크다. 개인, 회사 모두 마찬가지다.

• 국공립 어린이집은 방학이 없고 연장반에도 대체교사가 잘 배치되어 아이-교사 비율이 낮아 부모들이 선호하는데, 문턱이 너무 높다.

• 아이가 있으면 부부만 있을 때보다 주거 문제가 훨씬 중요해진다. 신생아 특례 대출 같은 제도가 꼭 필요한데, 지역 제한에 소득 기준 등 조건이 까다롭다. 집값은 오르는데 대출 금액이 줄어들거나 이자율이 오른다. 주거 계획은 경제적으로도 큰 문제이고 아이의 양육 환경, 학군을 결정한다. 정책도 청년 세대와 신혼부부의 상황과 필요를 좀 더 잘 반영해서 안정적으로 지원해줄 필요가 있다.

• 아이 육아 2차 빙하기는 취학 후다. 임신 전부터 취학 전까지는 정부 지원이 참 많다. 그런데 초등학교를 입학할 즈음이면 정부에서 지원해주는 수당이 다 끊긴다. 1학년 입학하면 점심도 먹지 않고 아이가 하교한다. 영화 관람도 12세 미만이면 보호자 동반인데, 8살 아이가 하교 후 혼자 점심 먹고 부모가 퇴근하길 기다린다. 아이가 늘봄학교에서 잘 지내는데 3학년부터 없어진다. 집에 혼자 두기는 불안하고, 게임이랑 SNS만 할 것도 걱정이다. 3학년부터 방과후는 학원 뺑뺑이가 답인가.

제도가 계속 좋아지고 있지만, 이러한 4집단의 목소

리는 이들이 인구 위기 극복에 결정적인 세대라는 점에
서 더욱 중요하다.

결혼 옵션 세대

6장

미래와 희망

그들을 만났다

한국전쟁 직후인 1955년에 태어난 1집단부터 이제 30대로 막 들어선 4집단 1992년생까지, 커리어 우먼과 엄마라는 사뭇 상충적인 두 역할을 자신만의 방식으로 삶에 담아낸 이야기들을 모아보았다. 경제활동인구조사 자료와 네 집단 각각의 시대를 특징 짓는 굵직한 사회적 변곡점들을 펼쳐놓고, 전공과 커리어, 결혼, 출산, 육아에 대한 각 집단 여성들의 선택이 왜 그러해야 했는지 묻고 귀 기울여 들었다. 왜 집단마다 다른 패턴을 보이게 되었는지, 개인 삶의 다채로운 조각들을 그들이 살았던 시대와 엮어 그림을 맞춰보니 개인의 선택이 사회의 흐름을 바꾸고 사회적 조건이 개인 선택의 방향을 바꾸어놓는 상호작용이 역동적으로 일어난, 반세기의 굴곡이 드러났다.

인터뷰를 통해 접한 각자의 이야기는 아무리 많은 통계를 들여다보아도 숫자들만으로는 짐작할 수 없는, 그 어떤 싸움보다 가열차고 뜨거우면서도 흔들림 없이 단단한 인내와 결의로 가득한 영웅담이었다. 그들의 눈빛은 커리어를 이야기할 때 더없이 맑고 에너지 넘쳤고, 출산과 육아를 이야기할 때는 수많은 감정과 기억들이 회오리쳤다. 하지만 이내 그럴 만한 가치가 있고, 아이와 가정이 있어 자신의 커리어가 더욱 의미 있고 빛난다고 말했다.

다른 한편에서는 결혼과 출산이 좋아 보이기도 하고 장점이 있다는 것도 알지만, 그 또한 공짜가 아닌 데다 인생에 매우 중요한 결정이고 선택이니, 커리어로 충만한 비혼의 나 또한 자랑스럽고 만족스럽다고 말했다. 서로의 다른 삶, 각자가 최선을 다하여 일구어가는 삶을 인정하고 응원하고 축복하며 환하게 미소 짓는 그들은, 정금처럼 단단했고 찬란했다. 각자의 선택을 존중하고 협력하는 연대의식이 느껴졌다.

깊이 공감하며 이야기를 나누다보면 예정된 인터뷰 시간을 넘기곤 했다. 하나라도 더 나누어서 비슷한 고민과 싸움을 하고 있고, 혹은 해야 하는 동시대 여성들에게 응원과 격려를 보내고 싶은 진심이 뜨거웠다. 이러한 목소리들이 모여 사회가 좀 더 나은 방향으로 변화하기를 바라는 열망에도 불구하고 인터뷰는 종종 급히 마무리되었다. 밀린 업무가 기다리고 있고, 직장에서 전화가 왔으며, 혹은 아이에게 달려가야 했다. 상황은 인터뷰를 하러 간 우리들도 크게 다르지 않았다. 그들은 얼마나 오랫동안 그렇게 시간을 쪼개어 지내온 것일까, 우리는 앞으로 얼마나 더 고단한 줄타기를 해야 하는 것일까.

모든 것이 속도전인 대한민국에서, 나의 스케줄과 아이의 스케줄 사이를 오가며 오늘도 무사히 잘 해냈다며 하루를 마감하는 날들, 출장과 야근 사이에 아이의 숙제와 준비물을 챙겨주고 동화책을 읽어주고 아이의 하루를 베갯머리 대화로 다독이며 품에 재운 후, 아이가 깰까 숨을 죽이며 조용히 일어나 다시 노트북 앞에 앉는 일상은 한동안 이어질 것이다. 커리어와 가정이 누구에게나

동시에 주어진 기회가 아니니 감사하고 스스로도 자랑스럽다. 하지만, 어느 누구에게 '너도 할 수 있어', '별 것 아니야'라고 쉽사리 말해줄 수는 없다. 불가능하지는 않지만 꽤나 불친절하고 고단한 줄타기를 해야 하는 것이 대한민국에서 커리어와 가정을 지켜내는 여성의 현실이니 말이다.

여성의 커리어와 가정이라는 표현 자체가 비장하게 느껴지는 것이 지난 반세기의 현실임에도, 인터뷰를 통해 만났던 어느 누구도 그 비장함에 굴복하지 않았다. 자신의 커리어와 가정 모두를 삶에 담아내기 위해 걸어온 척박한 길, 수많은 선택과 고민, 때론 매우 벅찼고 억울했을 시간들에 대해 후회도 핑계도 대지 않았다. 내가 태어난 세상, 나에게 주어진 조건이 이러하다면, 내가 원하고 바라는 것을 도전하여 결국 쟁취하면 될 뿐. 그들은 활기찼고 능력과 열정을 뿜어내는 커리어 우먼이었고 그 능력만큼 가정과 아이들에게 최선을 다하며 균형을 찾아가는 자신감 넘치고 지혜로운 엄마들이었다.

세대 간 상호작용

1집단의 각자도생은 2집단의 고단한 공존, 3집단의

경력 단절을 넘어, 4집단의 결혼은 옵션에까지 이르렀다. 여성의 커리어는 특별한 조건이 갖춰진 소수 여성이 각개전투로 쟁취하던 무엇에서, 점점 더 많은 여성이 추구하는 보편적 목표가 되었다. 2집단이 놓인 조건은 1집단과 크게 다르지 않았으므로, 소수의 각자도생은 세대 전반의 고군분투가 되었다. 2집단에게는 가정, 사회, 직장에서 전통적인 규범이 여전히 강하게 작용했으므로, 더 많은 2집단 여성들이 커리어에 더 강한 의욕을 보일수록 그들은 더 고단했다. 사회와 여성 간의 간극이 본격적으로 마찰을 일으키며 갈등이 시작되는 시기였다. 이 갈등은 3집단에서 본격화된다.

2집단의 고단한 줄타기를 가까이서 직관하며 그 뒤를 따르는 3집단에게 커리어의 의미와 가치는 더욱 명료했다. 제반 조건이 더 호의적으로 급선회할 조짐은 보이지 않았지만, 커리어는 더 이상 옵션이 아니었고 소수의 특권도 아니었으며 더더욱 포기라는 단어와는 연결될 수 없게 굳건해졌다. 1집단과 2집단의 싸움이 험난하나마 소수가 새로운 길을 개척해가는 영웅적인 각개전투였다면 3집단에게는 세대적 전면전이었다.

3집단에게 커리어가 당연한 것으로 여겨질수록, 결혼과 출산은 양자택일로 귀결됐다. 여성들에게 커리어가 당연하고 평범한 선택이 된 데 비해 비혼과 비출산의 옵션은 가족에게도, 사회에서도 매우 과감하고 유난스러운 선택으로 받아들여졌다. 비혼으로 20대 후반에 접어들면 결혼은 언제 할 것인지, 왜 안 하는지, 안 할 건지 질문을 끊임없이 받아내야 했고 결혼을 기대하는 어머니, 친지들, 심지어 직장 상사들의 관심의 탈을 쓴 간섭에 시달려야 했다. 이런 질문 자체가 결례가 아니었던 시절이다. 결혼을 하고 나면 언제 아이를 낳을 것인지, 첫째가 돌을 지나면 둘째는 언제 가질 것인지 질문은 끝나지 않았다. 나 때는 서넛도 낳아서 다 잘 키웠다는 물정 모르는 조언도 들어야 했다.

커리어를 가지고 결혼, 출산을 해서 맞벌이 가정을 꾸리면 가사와 육아, 집안 대소사가 여성에게 고스란히 지워졌다. 복잡다단해진 아이들의 학교생활과 학업 성과까지 엄마의 책임이다. 1집단 대졸 여성이 일종의 특수 계층이었으므로 이들의 커리어가 특별한 존중에 기대갈 수 있었던 건 오히려 행운이었다. 3집단은 70%가 대졸이다. 실력껏 경쟁해서 입학한 대학이다. 여성의 대학 교육이 당연하지 않았던 시절도 있었는데, 이제 당당히 학사 모를 썼으니 다음 스텝은 당연히 커리어여야 했다. 대졸 남성이 그러하듯, 이전 세대 대졸 여성이 그러했듯. 하지만 커리어로 꽉 찬 하루를 보낸 후 집에 들어서면 전업주부로 변신을 해야 했고 두 번째 직장처럼 쉴 틈 없이 하루 동안 쌓인 온갖 과업들을 해내야 했다. 경력 단절의 위기는 지뢰처럼 곳곳에 깔려있었다.

3집단이 진입한 대한민국 사회는 이전 세대와 그 결이 달랐다. 이들은 10대와 20대 초반에 IMF 외환위기를 겪었고, 특히 3집단 전반 세대는 커리어와 결혼과 출산이 맞물리는 30대에 글로벌 금융위기를 맞았다. 평생직장이라는 개념은 이미 외환위기 때 사라졌으니 기대도 하지 않았지만, 정리해고와 명예퇴직, 비정규직과 같은 고용 불안정과 저성장의 그늘이 노동시장의 규범으로 자리 잡았다. 가정, 아이를 이유로 직장 일에 조금이라도 틈이 보이면 경력 단절은 선택이 아니라 운명이 되어버렸다.

취업이 어렵고 직장이 불안할수록 학벌 경쟁, 학점 경쟁, 스펙 경쟁이 층층이 타고 내려와 초등학생에게까지 검은 손을 뻗었다. 방과후에 친구들과 놀이터와 동네 잔디밭에서 뛰어놀며 부모가 퇴근할 때까지 혹은 해가 질 녘까지 동네에서 시간을 보내도 괜찮은 그런 낭만적인 유년기는 동화책 속 장면이 되어버렸다. 혼자서 학원을 오가기에는, 그리고 어떤 학원을 다닐지를 정하거나 진로 목표를 정하는 일을 스스로 해내기에는 아직 어린 아이들의 유년기가 학습으로 채워질수록 엄마들도 학습 매니저로 함께 뛰어야 했다. 커리어를 지키는 것도 만만치 않은데, 아이들의 미래까지 한 사람이 거뜬히 짊어지기를 기대할 수는 없다.

여기에 더해서 3집단은 30대에 부동산 폭등기를 겪었다. 커리어에 몰입한 사이 집값은 저 멀리 도망가고 아이들의 육아는 유치원부터 이미 대학입시를 향한다. 어느 것 하나 녹록한 게 없다. 점점 더 복잡하고 세분화된 경쟁이 삶의 구석구석 스며들어 옥죄어온다.

3집단에게 커리어가 단절의 대상이 된 것은 대한민국 사회에서 결혼과 출산이 한 묶음인 것과 무관하지 않다. 이 한 묶음 정서는 세대를 지나며 많이 옅어졌다. 그럼에도 여전히 4집단조차도 여기서 완전히 자유롭지 않다. 이 정서가 사회의 규범이었던 1, 2, 3집단은 커리어가 있어도 결혼을 하면 자녀를 낳았다. 그러나 많이 낳을 수는 없었다.

제1차 저출산고령사회 기본계획이 시작되면서 3개월의 산전후 휴가와 1년의 육아휴직이 주어졌지만 월 30만원의 휴직급여로 1년을 버틸 수는 없었다. 그나마 육아휴직을 쓸 수 있는 직장은 많지 않았고, 제도가 갖추어져 있는 직장이라도 감히 휴직을 쓰기 어려웠다. 동료들과 상사의 눈칫밥은 그렇다 쳐도 업무 배정과 승진에서의 불이익은 현실적으로 불가피했다. 이래저래 휴직은 타산이 맞지 않았다. 이런 조건에서 결혼과 출산을 감행한 일하는 여성들은 한 자녀가 감당할 수 있는 최선임을 경험적으로 터득했다. 이전 세대보다 더 많은 여성이 커리어와 결혼, 출산이라는 철인 3종 경기에 도전하면서, 경력 단절 현상도 3집단의 세대적 특징이 되었다.

3집단 앞쪽 선배들의 절박하고 치열한 사정을 보고 들으며 상황을 빠르게 간파한 뒤쪽 출생자들은 양자택일의 방향을 경력 단절에서 비혼, 비출산으로 바꾸어간다. 경력 단절의 위험을 염두에 두고 결혼과 출산을 할지 말지, 하면 언제 할지를 결정하게 된 것이다. 만혼, 비혼은 특별한 신념과 결단이 아닌 주어진 조건 하에서 자신의 최선을 찾아나간 자연스러운 결과다. 결혼과 출산도 더 이상 한 묶음이 아니다. 만약 양자택일을 해야 한다면, 선택은 커리어다.

이제 4집단이 등장한다. 4집단은 불리한 사회적 여건 속에서 규범과 싸우고, 제도의 압박을 거부하거나 뛰어넘고, 힘을 합쳐 여성의 자리를 대한민국 사회 속에서 확대해온, 2집단과 3집단의 영욕을 지켜보았다. 그 싸움을 물려받았고 그 투지를 본받았나. 1집난 어머니늘의

'나처럼 살지 마라'의 한 서린 회한을 가슴에 새기고 2집 단과 3집단 선배들이 채 벗어내지 못한 '결혼과 출산은 필수'를 과감히 넘어섰다. 대신 '커리어 필수'를 정면에 내걸었다. 결혼과 자녀 대신 커리어를 선택하거나 경력 단절을 감수해야 했던 3집단 선배들이, 자신들의 삶을 던 져 입증한 교훈과 사회 계몽 효과 덕분에 4집단은 롤 모 델 언니들이 개척해 놓은 길에서 이제 보폭을 넓혀 거침 없이 커리어를 꽃피운다. 비혼, 비출산의 선택에서도 자 유롭다. 4집단의 인생 기준점은, 커리어다.

그리고 저출산고령사회 기본계획이 있었다

제4차 저출산고령사회 기본계획(2021년~2025년)은 3집단 후반 코호트와 4집단에게 다양한 일-가정 양립 지 원을 제공한다. 난임 지원, 주택 마련 지원, 보육비 지원, 육아휴직 급여의 확대, 남성 육아휴직의 확대, 휴직기간 의 연장, 육아휴직자 불이익 금지, 보육 인프라 확충 등 의 내용이 여기에 포함된다.

기본계획은 3집단이 출산하던 시기에 첫 삽을 떴지 만 제1차에서 제3차 기본계획 기간인 2006년에서 2020년 까지는 그다지 각광을 받지 못했다. 이들 기본계획은 내용이 부실하거나 초점이 틀렸거나 실효성이 없거나 필요한 수준에 못 미치거나 심지어 저출생과 무관한 유사 정책까지 다 쓸어 담은 수준이었다. 쏟아부은 예산이 어디로 갔나 질타를 받기 일쑤였고, 여성들은 혹시나 하며 기본계획을 들여다보다 실소를 금치 못했다. 여성들의 선택이 반세기 동안의 시행착오 속에서 단단히 빚어진 데 비해, 설마 더 낮아지겠어, 이 정도면 효과가 있겠지 하고 순진하게 접근했던 저출생 정책은 헛다리를 짚으며 청년 세대의 심기를 불편하게 하는 경우가 많았다.

결혼-출산보다 커리어라는 세대적 공감대가 완성되며 아주 낮은 수준의 합계출산율이 장기적으로 고착화되는 것 같던 2020년은 제3차 기본계획이 끝나는 해였다. 그리고 코로나19가 터진다. 고용시장은 초토화되고 학교, 직장, 식당, 온 마을이 셧다운 되었다. 집 안에 고립되고, 모일 수 있는 최대 인원이 5명으로 제한되었다. 연애, 결혼, 출산, 등교, 병원 진료 등 사람끼리의 밀접한 만남과 부대낌이 수반되는 사회적 관계, 특히 자녀 양육에 핵심인 모든 돌봄과 서비스가 올스톱이었다. 학교도 도서관도 문을 닫았다.

2020년은 '인구 오너스onus' 시계가 이미 빠르게 돌아가는 중이었다. 인구 오너스는 생산 연령 인구가 줄고 부양해야 하는 인구는 늘면서 경제성장이 둔화하는 현상을 말한다. 경제활동인구 감소, 노인부양 부담 증가, 연금재정 파탄 등 국가 경제가 늪으로 가라앉는데, 이 모든 문제의 단 하나의 열쇠인 결혼과 출산에 코로나19가 엎어졌으니 불난 집에 부채질이란 이럴 때 쓰는 표현이다. 제3차 기본계획은 허공에 주먹질한 신세가 되어 버렸고, 제4차 기본계획은 무기력하게 시작됐다. 뭘 해도 꿈쩍 않고 고집스럽게 내리막길을 걷는 합계출산율을 두고, 그나마 기본계획이 있어서 더 낮아지지 않은 것이라는 웃픈 평가가 공공연히 오갔다.

반전: 출생아 수의 반등

대내외적 경제 상황이 좋지 않고 계엄이라는 엄청난 정치적 혼란이 있었음에도, 2024년 하반기부터 출생아 수 반등 소식이 전해졌다. 출생아 수가 왜 늘었을까? 이제 출산의 주축이 된 30대의 4집단, 결혼이 옵션이 된 M세대에게 무슨 일이 일어나고 있는 것일까? 과감히 밀어붙인 제4차 기본계획과 전방위적인 청년정책 덕분이라고 정책 관계자들이 뿌듯함을 숨기지 않고 있지만, 정작 M세대는 그저 코로나19로 인한 기저 효과라고 시큰둥해

한다. 거리두기 해제가 2022년, 실내 마스크 의무 착용 해제가 2023년이니, 결혼과 시차를 두고 출산이 이루어지는 점을 고려할 때 출생아 수 반등의 기저 효과 가설은 일리가 있다. 정책 효과든 기저 효과든 출생아 수가 늘어난 것은 반가운 소식이다.

통계청 인구동향조사에 따르면, 2024년 2분기부터 전년 대비 월별 출생아 수가 늘어나는 추세가 뚜렷하다. 〈그림 8〉에서 보이는 것처럼 2024년 하반기에는 7월부터 12월까지 매월 2023년 같은 달에 비해 출생아 수가 부쩍 늘었다. 2025년 1월부터 3월의 출생아 수는 2023년 같은 기간이나 반등이 시작된 2024년에 비해서도 월등히 늘어났다.

반가운 소식에 긴장을 늦추지 말고, 무엇이 출생아 수의 변화를 견인했는지, 일시적 착시인지 구조적인 전환이 드디어 시작된 것인지를 파헤쳐 봐야 한다. 반세기 만에 비로소, 커리어를 가진 여성들이 결혼과 출산이라는 옵션을 기꺼이 선택할 수 있는 대한민국이 된 것인지 팔 걷어붙이고 살펴봐야 한다.

첫 번째 가설인 기저 효과. 출생아 수의 반등이 기저 효과의 결과라면 코로나19 기간만큼만 반등이 유지될 것이다. 코로나19로 결혼 및 출산이 늦춰진 것뿐이라

〈그림 8〉 월별 출생아 수(2023년 1월~2025년 4월)

자료: 통계청 인구동향조사

는 시나리오를 가정할 때, 기저 효과 유효기간이 끝나면 출생아 수는 원상 복귀될 것이다. 코로나19 기간이 대략 3년(2020년~2022년)이니 기저 효과의 기한은 대략 2027년, 길게 잡아도 2028년 상반기 정도까지로 예상된다.

코로나19로 출산에 긍정적인 행태 변화가 일어났을 수도 있다. 이에 대한 증거는 아직 없지만, 외출이 어렵고 사람들과의 만남이 끊겼을 때의 외로움, 집안에 고립되어 있거나 확진자로 격리조치 당했을 때에도 의지할 수 있는 가족의 소중함이 결혼과 출산에 대한 청년 세대의 마음을 움직였을 가능성이 아주 없지는 않다. 이 경우 기저 효과 종료 후에도 출생아 수 증가가 지속될 수도 있다.

반대로, 코로나19로 시작된 고용 불안과 돌봄 공백의 경험이 트라우마로 새겨졌거나, 코로나19 이후 더욱 공고해진 노동시장의 양극화와 경제성장률 2%가 희망고문이 되어버린 팍팍한 경제 여건 때문에 출산에 더욱 신중해졌다면, 기저 효과는 예상보다 더 빨리 사그라지고 합계출산율과 출생아 수는 서서히 그러나 꾸준히 가라앉을 것이다.

정책과 성과 사이

두 번째 가설인 정책 효과. 저출산고령사회 기본계획 20년 동안 429조가 넘는 예산이 투입되었다. 2015년~2024년 총 출생아 수가 어림잡아 723만 명 정도이니 출생아 1인당 평균 6,000만 원에 해당하는 예산이다. 기본계획에서만 투입된 예산이 이 정도고, 제도 정비, 지자체와 민간 기업에 대한 지원, 세제 혜택까지 아우르면 출산하는 청년 부부와 태어난 아이에게 투입된 직간접 자원은 가히 파격적인 수준이다.

기저 효과라는 명백한 경쟁 상대가 있음에도 불구하고 출생아 수 증가를 정책의 공으로 인정하려는 분위기가 감지된다. 이 추세를 이어가고 저출생을 극복할 수 있도록 앞으로 더 박차를 가하겠다는 각오도 결연하다. 그러나 각오가 의미가 있으려면 실제로 어떤 정책과 지원이 기저 효과를 넘어선 출생아 수 반등에 공이 있고, 지속적으로 출생아 수의 증가를 가능하게 할 것인지 알아야 한다.

저출산고령사회 기본계획은 매 차수마다 백화점식 나열과 근거와 증거가 불충분한 정책들로 예산 낭비라는 지적을 많이 받아왔다. 정책 효과가 분명치 않은데 축포 터트리고 하던 대로 쭉 밀어붙이자는 방식은 곤란하다.

새 정부가 시작되고 저출생 정책을 담당하는 정부 기구
들을 개편하는 과정이 마무리되지 않아서 제5차 기본계
획은 아직 시작도 하지 못한 상태다. 기존의 저출산고령
사회위원회를 격상시켜서 이름을 인구전략위원회로 바
꾸고 예산에 대한 권한도 부여할 것이라고 한다. 그동안
의 저출생 정책 추진에서 지적된 문제점들을 개선할 수
있는 방향으로의 변화이니 바람직하다.

다만, 형식을 바꾸는 것이 내용과 결과를 담보하지
않는다는 데 유의해야 한다. 제5차 기본계획은 지금까지
의 기본계획들을 종합적으로 분석·점검하고 출생아 수
반등과의 인과관계를 면밀히 입증해서 성과가 담보되는
정책들로 채워야 한다. 기본계획만 20년차다. 사람으로
치면 성인이다. 더 이상의 시행착오, 현실과 동떨어진 정
책, 정책을 위한 정책을 답습하기에는 국가 재정 여력도,
저출생 문제도 여유가 없다.

기본계획 덕분에 일-가정 양립에 대한 직장 문화나
근로 조건, 제도적 환경이 개선된 건 사실이다. 하지만
4집단 인터뷰에서 일관되게 확인되는 바, 이 혜택에는 사
각지대가 많다. 합계출산율도 여전히 0.8명 수준이다. 그
러니 기본계획은 계속 확장되고 심화되어야 한다. 지금
의 출산 동향으로 미루어 볼 때 기본계획이 필요 없어지

기까지는 아직도 멀었다. 오래 가려면 기초 체력이 좋아야 하고 한 걸음을 튼튼히 내딛어야 한다. 재정을 알뜰하게 사용하면서도 효과가 확실한 좋은 정책들을 잘 추려내야 한다. 제5차 기본계획이 최근의 출생아 수 반등에 취해서 하던 대로 계속, 더 많이가 되어서는 안 된다.

인구 파도의 비밀

출생아 수 반등의 세 번째 열쇠는 출생아 수의 추세 자체에 숨어 있다. 〈그림 9〉는 출생 연도별 출생아 수를 나타낸다. 막대의 길이가 파도처럼 흐름을 보인다. 출생아 수 반등이 이루어진 2024년 기준, 출산의 핵심 주체는 30대인 M세대다. 이들이 태어난 1985년부터 1996년까지의 출생아 수는 1987년에 62만 명 저점을 찍고 서서히 증가해서 1992년 73만 명까지 늘었다가 하향세로 돌아선다. 이후 IMF 외환위기를 맞으며 더 급격하게 떨어진다.

즉, M세대는 합계출산율이 계속 하락하는 중에도 출생아 수가 늘어났다. 이들의 부모 세대가 베이비부머 1세대인 덕이다. 부모의 인구가 많으니 출산율이 하락해도 태어나는 아이의 수가 늘어난 것이다. 기저 효과가 없이도, 추가적인 정책 개입이 없이도, 기혼율이나 합계출

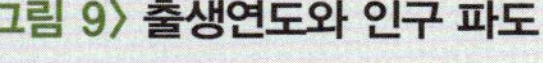

〈그림 9〉 출생연도와 인구 파도

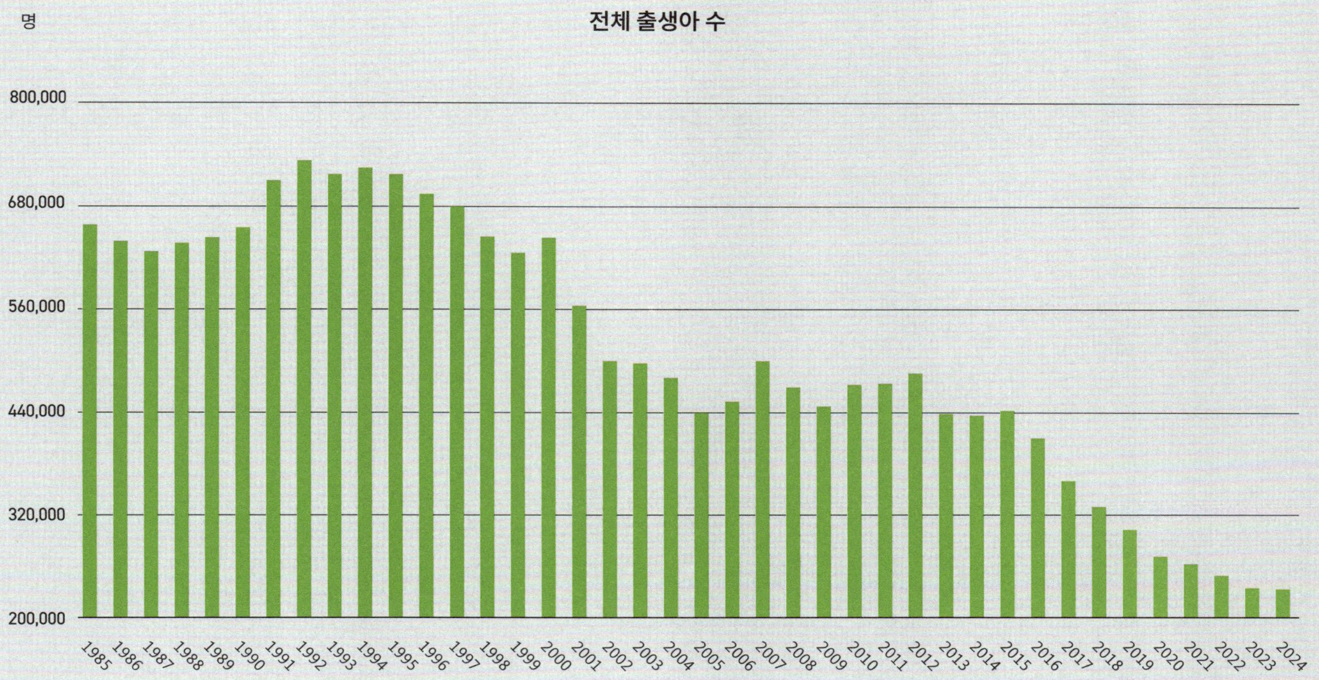

산율이 동일해도, M세대가 모두 40대로 진입하기까지 앞으로 10여 년 동안은 출생아 수가 늘어날 수 있다. 잠재적 엄마의 수가 많기 때문이다.

2024년과 2025년은 M세대 중에서 출생아 수가 70만 명을 넘었던 1991년~1995년생이 30대 초반이다. 결혼과 출산이 많이 이루어지는 연령대의 출생 집단이 바로 직전 세대에 비해 최소 5만 명에서 최대 10만 명까지 더 많다. 결국 인구 파도에 의한 규모 효과에 기저 효과와 정책 효과가 겹치면서 최근의 출생아 수 반등이 일어난 것이다.

어느 효과가 진짜인지, 더 중요한 요인인지는 단정하기 어렵다. 면밀하게 분석을 해도 무 자르듯 구분해내기가 쉽지 않을 것이다. 그러나 정책 효과와 기저 효과가 인구 파도의 규모 효과에 연료가 되어 출산 패러다임에 전환을 만들어낼 수 있다는 가능성 면에서 2020년대 중반이 인구 정책의 골든타임인 것은 확실하다. 기저 효과를 발판 삼아 최적의 정책과 자원이 투입된다면 출생아 수 증가폭은 커질 수 있다. 이것이 세대적 경향성으로 자리매김하면 합계출산율 반등도 불가능하지 않다. 부모 수의 감소로 앞으로 출생아 수가 감소하는 건 이미 확정된 미래다. 지금의 반짝 반등에 방심하면 안 된다.

내 집 마련 방해 금지

정책적 지원이 잘 이루어지면 출생아 수의 반등 폭을 키우고 합계출산율도 개선할 수 있는 타이밍이다. 그런데 2025년에 들어서서 가계 대출 규모를 줄이고 수도권 집값을 안정시킨다는 명목으로 생애 최초 디딤돌 대출, 신생아 특례 대출, 신혼부부 대출까지 축소시켰다. 집값이 오르는 건 수도권이고 지방은 미분양과 빈 집으로 부동산 경기가 싸늘한데, 이 규제가 전국에 일괄 적용됐다. 전국 어디서든 집을 사려면 5,000만 원에서 1억 원 정도의 현금을 추가로 알아서 마련해야 한다.

정부의 의도대로 집값이 그만큼 하락해주길 바랄 뿐이지만, 정책금융이 줄어든 만큼 영끌해야 내 집을 마련할 수 있으니, 확실한 투자처로 입증된 수도권으로 청년 세대의 주택 수요가 오히려 쏠리면서 아이 키우기 좋은 지역의 집값은 더 높아질 수도 있다. 코인이나 주식 투자로 번 수익의 종착점이 결국은 똘똘한 한 채인 대한민국이니.

주택 공급에 시간이 걸리는 데 비해 규제는 하루아침에 변한다. 국민 모두가 납득할 만한 국가 경제적 상황이 있지만, 정권이 바뀔 때마다 정책의 방향이 손바닥 뒤집듯 급정거, 급회전을 하는 것도 사실이다. 정책이 일관

되지 못하고 예측하기가 힘든 데다, 크고 작은 개정과 갑작스러운 일몰로 정책이 복잡해질수록 내 집을 마련하려는 수요자는 조바심이 커진다. 정보에 뒤쳐질까 불안한 다수가 어찌할 바를 모르는 사이 정보에 접근할 수 있는 소수가 정책의 혜택을 독점하게 된다. 비슷한 상황이 교육 문제, 대학 입시에서도 펼쳐진다. 청년 세대를 힘들게 하는 불공정은 이렇게 곳곳에서 싹을 틔운다.

일자리와 인프라를 따라 청년 세대는 수도권으로 모여든다. 인구밀도가 높아지고 부동산 가격이 오른다. 이 두 변수가 출산에 미치는 부정적인 영향은 익히 검증된 바다.[1] 집을 사는 것을 어렵게 해서 부동산 가격을 안정시키는 효과가 청년 세대에게 혜택이 되어야 하는데, 전국에 일괄 적용된 대출 축소라니. 주택 지원을 받는 데 유리하니 혼인신고를 하지 않는 것이 청년들 사이에서는 생활 꿀팁일 정도로 주택정책이 중요한데, 청년 정책이 누구를 위해 어디로 향하고 있는지 아리송하다.

Z-알파세대가 온다

다시 출생아 수 추세 이야기를 이어가자. 미래에 대한 이야기다. 베이비부머 1세대가 M세대 출생아 수를 늘린 효과는 1990년대 후반에 거의 소멸되어, 1996년 70만 명에 육박했던 출생아 수는 2005년 44만 명까지 급감한다. 이후 2007년엔 황금돼지띠 효과로 출생아 수가 반짝 증가하고 2008년 글로벌 금융위기로 잠시 주춤했지만 2015년까지는 2005년 수준이 유지됐다.

4집단 여성들에게 커리어는 옵션, 결혼은 필수로 여기는 세계관의 대역전이 일어나지 않는 한 M세대 이후의 출생아 수 혹한기(1997년~2004년생, 전반 Z세대)는 피할 수 없다. 그나마 희망적인 건 2005년부터 2015년까지의 10년 동안 출생아 수 감소가 멈추고 연간 42~45만 명 선이 지켜진 것이다. 이 기간에 태어난 후반 Z세대부터 전반 알파세대(2026년 현재 10대)는 베이비부머 2세대의 자녀다. 이들이 출산의 주체로 전면 등장하는 2030년 무렵부터가 또 한 번의 인구 골든타임이다.

다만, 합계출산율의 개선이 없다면 두 번째 인구 골든타임의 출생아 수 규모는 M세대에 훨씬 못 미칠 것이다. 베이비부머 2세대는 베이비부머 1세대보다 인구 규모가 작고 합계출산율도 더 낮아서 2005년~2015년생 인구 규모는 베이비부머 1세대의 자녀인 M세대의 60% 수준에 불과하다.

2015년부터 지난 10년 동안의 출생아 수 감소는

1995년~2004년의 추세를 그대로 닮아 처참할 지경이다. 알파세대(2011년~2020년대 중반)의 후반 출생아 수는 22만 명으로 쪼그라들었다. 잠재적으로 부모가 될 수 있는 인구 규모가 M세대 70만 명에서 알파세대 22만 명, 한 세대 만에 3분의 1이 된 것이다.

앞으로의 인구 문제, 저출생 현상의 가장 강력한 동인은 잠재적 부모의 규모가 줄어드는 것이다. 출산율이 낮아져도 인구 규모는 컸던 때와는 기본 조건이 전혀 다르다. 이제는 합계출산율이 유지되거나 상승해도 출생아 수가 급격히 늘어나기 힘들다. 동일 연령의 22만 명 남녀가 모두 결혼하여 평균 2명의 자녀를 출산해야 겨우 22만 명이다. 같은 합계출산율 2라도 100만 명 인구 규모라면 100만 명이 태어날 텐데, 인구 규모에 따라 합계출산율 의미가 이렇게나 다르다. 2025년 기준 30대의 비혼율이 51.3%이고 2025년 합계 출산율은 0.8명 정도이다. 인구의 반만 결혼하고 한 명 정도씩만 낳으면 한 세대가 지날 때마다 인구 규모가 4분의 1로 줄어든다.

다음 부모 후보 세대인 Z세대 중 2002년 한일월드컵 함성 속에 태어난 인구집단이 대략 50만 명이다. 이들 중 절반이 결혼하고 평균 1명의 자녀를 낳으면 출생아 수는? 간단한 산수 문제인데 이 문제의 답이 대한민국의 명

운을 좌우한다. 미래는 원래 불확실한 것인데 우리나라의 미래 출생아 수는 꽤 확정적이다. 한 해 출생아 수가 15만 명인 10년 후의 대한민국은 어떤 사회일까. 불길한 긴장감을 불러일으키는 질문이다.

이전 세대의 출생아 수가 파도 모양을 그리며 출렁이면 30년 주기로 자녀 세대에서 그 모양이 반복된다. 출생아 수 급감 시기와 소강 시기가 밀물, 썰물처럼 주기를 보이는 이유다. 현재와 미래의 부모 세대가 이 파도를 타고 출생하였으므로 베타세대(2025년~2039년생), 그리고 그 이후에도 이 파도는 계속 나타날 것이다. 국가 소멸을 우려해야 할 정도로 심각한 인구 감소의 속도를 늦추려면 출생아 수 밀물은 높고 길어져야 하고 썰물 기간은 단축되어야 한다. 결혼-출산이 삶의 선순환의 일부로, 누구나 제약 없이 선택하고 영위할 수 있는 선택으로 자리 잡을 수 있도록 우리 사회의 패러다임을 전환시키는 집중적인 노력과 긴 호흡의 투자가 필요하다.

현재, 그리고 미래의 청년 세대가 부모가 되려면, 그들의 커리어가 활짝 피고 그 길이 탄탄해져야 한다. 커리어의 길을 힘차게 걸으면서 가정도 이루고 아이를 낳아 기르는 삶의 긍정적 확장이 가능하도록 사회가 변화하고 정책이 제 일을 해내야 한다.

포기할 수 없는, 미래와 희망

저출생이 연구와 정책의 주요 화두가 된 짧은 기간 동안 알게 된 사실만으로도 무엇을 해야 할지가 확실한데, 현실은 아직 어느 것 하나 시원치가 않다. 커리어, 결혼, 출산, 내 집 마련 같은 말들은 사방의 막힌 벽처럼 답답하다. 빛이 새어드는 작은 틈들이 보이고 찬란하게 위로 날아오르는 이들도 있지만, 틈은 좁고 날개가 없다.

지금의 청년 세대는 세계 10위 대한민국에서 나고 자랐다. 동시에 저성장과 양극화가 삶의 기본값이다. 자기 먹을 건 타고 난다는 조상의 격언은 수저론 앞에서 힘을 못 쓴다. 1인당 국민소득이 일본을 추월했다고 해도 별로 놀라지 않고, 신장된 경제력에 대한민국 여권의 힘도 세져서 전 세계 구석구석 이들이 밟지 않는 땅이 없다. 온라인을 통해 청년 세대가 경험하고 공유하고 추구하는 삶의 눈높이는 세계 최고 수준이다. 질서와 규칙, 자유와 공정의 가치를 존중하는 높은 시민 의식과 자존감을 가진, 누가 하라고 해서 할 것도 아니거니와 옳다고 생각하면 아무리 어려워도 해내는 이들이 지금 대한민국의 청년 세대다.

이들이 결혼-출산-육아의 길이 무리라 판단하면 누구도 그 길을 규범 혹은 국가적 아젠다를 내세워 등 떠밀 수 없다. 양자택일을 하라고 하면 이들은 무조건 커리어다. 커리어를 내려놓으면 아예 희망이 없다. 나의 행복, 자존감, 노후 대비는 물론, 내 가족, 내 아이의 필요까지, 커리어 외에는 답이 없다. 국가가 사람이 필요하다면 결혼과 출산이 양자택일의 메뉴가 되지 않도록 해야 한다. 청년 세대가 살고 있는 오늘 여기 대한민국은 결혼하고 출산할 자리가 아니다.

청년 세대의 눈높이를 맞추는 게 쉽지는 않지만, 그렇다고 이들이 유난히 욕심이 많거나 패기가 없거나 이기적인 것이 아니다. 저자인 우리는 2집단 워킹맘으로서 직접 커리어와 가정 사이의 곡예 줄타기를 하며, 경제학자의 시선으로 저출생 문제를 숙고해왔다. 학자들과 정책하시는 분들, 동료 여성들에 이르기까지 여러 자리에서 많은 이야기를 들었다. 안타까운 건, 저출생의 원인을 청년 세대가 이기적이고 개인주의화 되어서, 책임 없는 자유로운 삶의 선호 때문으로 진단한다는 거다.

결혼으로 더해지는 시월드나 부양 부담이 싫어서 결혼을 멀리하는 것이라며, 세태를 한탄하는 말들도 많았다. 인구 문제를 주제로 한 정책 세미나와 학술 포럼에서, 사석에서는 더더욱, 이 문제를 풀어야 할 당사자들이 모인 자리에서도 예외가 아니었다. 윗세대의 삶의 방식을 그대로 따르지 않고, 결혼해라 아이 낳아라 하는 어른들의 말에 순순히 응하지 않는 것이 이기주의고 개인주의라 비평하는 건 그들의 자유다.

그러나 엄청난 경쟁과 사교육비, 월급으로는 쳐다보지 못할 집값, 늘어난 기대수명에 못 미치는 노후 보장 때문에, 일하면서 아이를 돌보고 내 집을 마련하는 일이 인생을 건 도박, 그 속내를 알면 절대 못할 선택이 되어버린 건 청년 세대의 탓이 아니다. 아빠 혼자 벌어서 집도 마련하고 엄마는 네 자녀를 키우며 노부모까지 봉양하는 모델은 유통기한이 끝났는데, 청년 세대를 바라보는 시선들에 이 모델의 그림자가 아직도 어른거린다. 적어도 정책의 시선은 이 그림자에서 벗어나야 한다. 청년 세대는 훈계할 대상이 아니라 우리의 미래를 맡은 주인공이다.

많이 듣고 많이 답답했던 또 다른 이야기는, 일할 사람이 줄어드니 여성이 경제활동을 늘려야 한다는 주장이었다. 집에서 아이나 키우는 존재로, 있을 자리를 지정해 주던 때가 언제였냐는 듯, 여성이 더 많이 경제활동에 참여하고 생산성까지 높이면 저출생으로 사라진 노동력의 상당 부분을 보충할 수 있단다. 그런데, 대화의 끝에는 취업 지원, 보육비 지원 다 해주는데 대학 나온 능력 있는 여성들이 왜 일하지 않나, 왜 아이 낳지 않나가 따라붙는다. 국가적 인구 위기를 헤쳐가기 위한 여성의 역할을 강조하는 주장들이 언뜻 여성을 귀중히 여기는 듯 들리지만 결국은 여성이 일도 하고 아이도 낳아야 된다는 말과 다름없어서 내내 까슬거렸다.

인구 문제를 두고 여성에게, 청년 세대에게 던지는 의구심 가득한 질문들은, 우리 사회가 저출생에서 벗어나기 위한 이해와 반성, 변화가 무르익지 않았다는 방증이다. 일-가정 양립이 불가능한 사회라서 양자택일을 한 것이니, 사회가 바뀌지 않는 한 커리어를 선택한 여성이 저출생 문제에 부응하려고 가정을 꾸리거나, 가정을 선택한 여성이 노동력 부족 문제에 기여하려고 커리어를 다시 시작하는 것이, 출산 지도의 배포나 '가질수록 행복 가득' 같은 캠페인 구호만으로 가능하지는 않을 것이다. 이렇게 많은 혜택을 주는데도 왜 결혼하지 않는지, 왜 아이를 낳지 않는지, 이해가 안 된다며 다그치는 일도 저출생이 심각해지면서 조금 사그라드는 듯하니 이 또한 아이러니다.

정책의 겉모양이 아무리 훌륭해도 사안을 바라보는 자세, 인식이 제대로 갖추어지지 않으면 그 정책이 작동할 수 없다. 여성의 커리어, 결혼과 출산은 사회적 인식과 규범이 크게 작용하는 영역이다. 기술적인 정교함을 갖춘 정책일지라도 진정성이 없으면 성과를 담보할 수 없다. 2집단의 고단한 줄타기를 걸었고 이제 Z세대 자녀를 둔 워킹맘으로서 단언하건대, 좋은 부모, 책임지는 부모, 자녀의 필요를 충족시켜 주는 부모, 자녀와 함께 행복한 부모가 청년 세대의 이상향이다. 이들이 거부한 것은 결혼과 출산이 아니다. 이들이 지향하는 부모가 될 수 없는 조건에서 결혼과 출산을 무턱대고 감행하기를 거부한 것이다.

지난 반세기는 일하면서 아이를 키우는 것이, 모든 것을 감수할 각오와 용기를 갖춘 자의 좁은 길이었다. 집에서도 직장에서도 스스로에게도 죄인인, 숨이 턱에 차는 벅찬 고비들을 넘고 넘는 척박한 여정이었다. 여성의 커리어를 희생양으로 삼아야 가정을 꾸릴 수 있고 아이가 자랄 수 있는 사회는 지속가능하지 않고 지속되어서도 안 된다.

이제 희생양 패러다임, 모성애 신화에 사망을 선고하자. 여성은 일할 권리도 있고, 일하지 않을 권리도 있다. 이들의 일, 결혼, 출산이 갖는 사회적 의미가 그 어느 때보다도 중차대하지만, 역설적이게도 이들의 선택을 완벽히 존중하는 것이 저출생 패러다임을 역전시킬 수 있는 출발선이다. 일, 결혼, 출산, 육아의 수만 가지 조합 중 무엇이든 나에게 최선을 선택할 자유가 영위되는 사회에 조금이라도 다가선 후에 청년들에게 결혼과 출산에 대해 이야기해 볼 수 있다.

재정, 연금, 경제성장을 위해서 국가는 사람이 필요하다. 그러나 이렇게 큰 단어를 사용함으로써 정작 이 큰 단어가 중요한 이유이자 목표인 사람을 소홀이 여겨서는 안 된다. 지금 우리가 이야기하고 있는 것은 목표 수행을 위해 투입되어야 할 사람 수가 아니다. 한 사람이 대한민국에서 태어나 자라고 배우고 꿈꾸고 일하고 사랑을 하고 가정을 이루고 부모가 되고 꿈을 이루고 다음 세대에게 미래를 물려주는, 존엄하고 웅장하고 찬란한 인생에 대해서이다. 후배 세대와 미래 세대의 꿈과 희망에 대한 이야기다.

반세기의 굴곡에서 건져 올리는 지혜

30대 비혼율은 2000년 13% 수준에서 2010년 35%, 2020년에는 50%을 넘어섰다. 결혼을 하지 않고 자녀를 출산하는 옵션이 일반적이지 않은 현실을 고려할 때, 현재의 50%-1명의 조합이 출생아 수를 결정하는 규칙이다. 결혼과 출산이 커리어에 우선 순위가 밀리는 옵션에 불과한 MZ세대에게 커리어의 위협, 젠더 이슈, 경제적 부담 같은 단어들을 연상시키지 않고, 원하는 대로 자유롭게 그리고 비장할 필요 없이 기꺼운 선택이 되게 하려면 무엇이 필요할까?

양육에 집중하는 시기 동안 일하는 부모의 시간 사용에 자율성과 유연성을 확보해 주어야 한다. 일-가정 양립을 위한 지원은 특정 직업군에 국한하지 말고 모든 부모에게 보편적인 혜택이 되어야 한다. 커리어 개발 그리고 재개발의 기회를 각자의 선호와 제약 조건에 맞게 빈틈없이 제공하여 커리어와 결혼-출산이 병행될 수 있는 여유를 주어야 한다. 출산과 육아 집중기 동안 잠시 일을 쉬거나 파트타임으로 일하는 선택도 경력 단절이나 커리어 실패에 대한 우려 없이 가능해야 한다.

20대 후반 비혼 청년부터 70대 진입을 앞둔 선배 세대까지 1년 넘게 걸려 인터뷰했던 내용들을 복기하면서 여성들의 커리어와 가정이 각자도생, 고단한 공존, 경력 단절 혹은 비혼이라는 양자택일의 문제가 되지 않으려면 무엇이 필요한가를 정리해봤다.

첫째, 시간이다. 결혼을 하고 자녀가 생기면 비혼일 때와는 일상이 완전히 달라진다. 무엇보다 가사와 돌봄의 시간이 확보되어야한다. 특히 돌봄의 시간은 절대적이다. 불규칙하게 그리고 긴급하게 돌봄이 필요한 상황은 최우선 순위를 갖는다. 길고 경직적인 근로시간, 근로시간에 대한 자율성과 자기통제권이 없는 업무 환경은 커리어와 자녀 돌보기를 병행해야 하는 엄마와 아빠 모두에게 해롭다. 유연근무제와 육아휴직이 모든 일하는 엄마와 아빠에게 적용되어야 한다.

제도는 있지만 사용하지 못하는 제약 조건들도 과감히 제거되어야 한다. 업종의 특성상 유연한 근무시간을 허용하거나 대체근무자를 활용하기 어려운 사정이 있을 수 있다. 하지만 이 사정 때문에 일-가정 양립을 지원해주기 어렵다는 말을 되풀이 하는 한, 지난 반세기 동안 여성들이 겪어온 굴곡에는 희망이 없다. 비혼, 저출생이 심각하다 아무리 떠들어도 커리어가 곧 자기 자신인 청년 세대의 선택은 바뀌지 않을 것이다.

적어도 10세까지는 아이 돌봄이 삼중 사중으로 지원되어서 빈틈이 없어야 한다. 공적 돌봄 인프라와 지역 공동체가 뒷받침하는 사적 돌봄 네트워크가 초등학교까지 긴밀히 연계되어야 한다. 아이에 대한 걱정 없이 엄마 아빠가 일할 수 있다면 개인의 커리어뿐 아니라 회사와 국가 경제까지 덕을 본다.

어린이집, 유치원, 초등학교 방과후 교실은 수요자의 필요와 눈높이에 맞게 개선되고 촘촘히 연계되어야 한다. 좋은 어린이집을 찾는 노력, 긴 대기 기간을 버텨야하는 어려움이 덜어져야 한다. 미취학 자녀들과 초등학교 저학년 아이들의 돌봄 공백을 채우기 위해 어쩔 수 없이 발을 들이게 되는 사교육은 부모에게 경제적 부담이 될 뿐 아니라 '4세 고시'와 같은 현상에 불씨가 된다.

안전사고와 응급환자에게 119가 있고 배고픈 자에게 배달앱이 있듯, 긴급한 돌봄이 필요한 부모에게 돌봄119 서비스가 있다면 든든할 것이다. 배달앱처럼 다채로운 구성의 돌봄 지원이 부모의 상황, 아이의 필요에 부응하며 실시간으로 신속하게 달려와 주는 돌봄119라니, 상상만으로도 마음이 놓인다.

엄마, 아빠의 이른 퇴근과 육아휴직으로도 충분하지 않은 돌봄 틈새를 채우기 위해서 민간의 돌봄 서비스 시장을 더 발전시켜야 한다. 국공립 어린이집, 초등 방과후 학교, 돌봄119같은 공적 돌봄 체계가 튼튼하고 믿음직한 토대로 자리 잡은 위에 가정마다 아이마다 각양각색인 돌봄의 필요를 시원하게 긁어줄 수 있는, 민간 돌봄 서비스가 다양하게 제공될 수 있도록 공적 자원이 민간 서비스와 연계되는 인센티브 구조가 설계되어야 한다.

둘째, 소득이다. 하루가 다르게 자라나는 아이와 시간을 충분히 갖고 싶은 엄마, 아빠들은 이 시간을 위해 소득을 희생한다. 근무시간을 유연하게 조정할 수 있는 대신 낮은 월급을 주는 직장을 선택하기도 하고, 육아휴직을 쓸 수 있는 좋은 일자리가 아니라면 아예 일을 못 해서 소득이 줄어든다. 일-가정 양립에 유리한 직무나 근무시간대로 업무를 조정하면서 특근 수당을 포기해야 할 수도 있다. 돌봄을 위한 시간 확보가 첫째로 중요하다 보니 비정규직이나 시간제 일자리, 혼자서 혹은 가족들과 운영하는 내 사업이 아이를 키우는 데 유리한 면이 있다. 하지만 이런 일자리들은 커리어 발전 가능성이나 급여 면에서 불리하다.

보편적 현금 복지는 돈이 많이 드는 정책이라 이에 대한 부정적인 시각도 없지 않다. 하지만, 한 아이가 태어나서 소비, 국방, 노동력, 연금 재정에 이르기까지 평생 동안 우리 사회에 기여하는 몫을 단순하게 합산해도 돌봄 지원에 투입되는 비용을 한참 웃돈다. 육아휴직과 돌봄 지원 덕분에 커리어를 포기하지 않아도 될 엄마들의 역량과 재능의 가치까지 더하면, 일하는 엄마와 맞벌이 부모에게 과감한 자녀 세액공제를 제공해도 절대 밑지지 않는다.

예산을 들여 지원을 확실히 하되, 효율적으로 하는 게 중요하다. 지금은 고용보험기금, 여러 부처의 예산과 지방자치단체 예산으로 흩어져 있는 육아휴직급여와 부모급여, 아동수당, 돌봄 지원서비스 등을 통합해서 (가칭)돌봄기금으로 만들어 운영하면 지금과 같은 급여 사각지대 문제를 해결하는 데도 도움이 되고 중복되거나 비슷한 사업들을 통합하고 연계해서 보다 효율적으로 운영할 수 있다. 정책들의 효과를 파악하는 데도 유리하다.

신설되는 돌봄기금의 재원이나 운영 방식에 대한 논의가 많이 필요하겠지만, 전 국민을 대상으로 운영해온 건강보험제도가 좋은 참고 사례이고, 돌봄 기금을 활용해서 아이 돌봄 서비스를 제공하는 것은 장기요양보험의 재가급여서비스를 본 따서 설계해볼 수 있다.

셋째, 함께다. 여성 경제활동참여율의 M자형 곡선은 결혼과 출산에 맞물린 30~40대 여성의 경력 단절의 증거다. 최근에는 이 M의 굴곡이 평평해졌다. 경력 단절이 줄어들었다고 해석하기도 한다. 하지만 실상은 경력단절을 피하려고 결혼과 출산을 늦추거나 아예 비혼, 비출산을 선택한 결과라고 보는 게 맞다.

임신, 출산, 돌봄이 여성의 몫, 책임이라는 인식은

환상이다. 어떤 아이도 엄마만으로 태어나지 않는다. 다양한 가정의 형태를 존중하는 것과는 별개로 한 인간의 탄생은 생물학적인 원칙에 따른다. 아이에게는 두 명의 부모가 있다. 임신도 출산도 돌봄도 양육도 두 사람이 함께하는 것이 당연하다. 우리 사회에는 여전히 이 과정에서 성별이 중요하다. 여성이 주연, 남성이 조연이다. 엄마, 이모, 할머니, 이름은 다르지만 결국 가족 내 여성들 사이에서 돌봄이 품앗이되어 왔다. 하지만 엄마는 물론 이모와 할머니도 커리어가 있는 게 대세다. 그들에게 전담시킨 돌봄은 지속가능한 해법이 아니다.

이제 남성, 아빠, 할아버지가 자기 자리로 돌아와야 한다. 조력자라는 오해와 핑계는 내려놓아야 한다. 조연을 자처하며 자기 역할을 축소하지도 말고, 가정과 자녀와의 관계에서 자기 자리가 작다는 불평도 멈춰야 한다. 경력 단절을 의미하는 M자가, 부부라는 관계로 연결된 두 성인이 나란히 손잡고 선 M자로 변해야 성 역할에 대한 오래된 규범과의 싸움이 끝날 수 있다. 결혼, 출산이 젠더 갈등의 씨앗이 되는 일도 없을 것이다. 커리어나 가정이나 양자택일의 고민에서 벗어날 수 있다. 치열했던 반세기의 굴곡에 종지부를 찍을 수 있다는 희망이 여기에 있다.

이 책은 청년 세대와 미래 세대가 행복하길 희망하며, 그들이 품은 꿈을 지키고 싶은 선배이자 엄마의 마음을 소리치고자 썼다. 이 책을 쓰는 동안에도 일-가정 양립의 도전이 있었다. 가족들이 잠든 새벽이 방해 없이 글쓰기에 집중할 수 있는 유일한 때였고, 한참 영감이 떠올라 신나게 써내려 가던 글을 아이의 전화에 멈춰야 하는 일이 잦았다. 하지만 아이들이 없었다면 더 빨리 책이 완성될 수는 있었을지언정, 애초에 이 책이 시작될 수 없었을 것이다. 일하는 엄마로서의 경험 없이 감히 선배와 후배 여성들의 커리어와 가정에 대해 무슨 말을 얹을 수 있겠는가.

이 책은 아이들을 낳아 품고 키웠던 시간 속 환희의 순간들, 애환의 깊은 밤들에서 시작됐다. 동료 워킹맘들과 울고 웃으며 넘겼던 위기의 순간들과 고마운 도움들이 마음과 기억에 깊이 새겨져 있어서 이 책이 있다. Z세대 청년이 된 아이들과 이 책에 대해서, 엄마의 생각과 그들의 생각에 대해서 함께 이야기를 나누고, 배울 수 있어서 이 책이 채워졌다.

인터뷰마다 던졌던 마지막 질문에 스스로 답해본다. 나에게 커리어는 나 자신과 분리될 수 없는, 나됨의 일부다. 나에게 가정은 응원군이고 쉴 곳이고 영광의 면

류관이다.

국가의 위기를 걱정하는 경제학자이기보다는, 비록 힘겨웠으나 커리어가 있고 아이들이 있어 행복한 엄마의 진심으로, 우리 아이들과 미래 세대에게 이 행복이 스스럼 없는 선택이 될 수 있기를 바라며 이 책을 맺는다. 이 진심이 서로 낯모르는 독자에게도 닿기를 바란다.

주

머리말

1   "'무엇이 삶을 의미있게 하는가'… 한국, 유일하게 '물질적 풍요' 1위 꼽아", 〈경향신문〉, 2011년 11월 23일.

1장

1   경제활동인구는 취업자와 구직 중인 실업자를 뜻한다. 경제활동참가율은 생산가능인구(15~65세 인구) 중 경제활동인구의 비율이다.

2   2020년대 전반까지 특정 시점에서 연령대별 여성의 경제활동참가율을 그래프로 나타내보면 M자 모양이 비교적 선명하다. 그 시점 기준으로 결혼이나 출산이 집중되는 연령대에서 경제활동참가율이 푹 꺼지고 이후 증가했다가 노년으로 접어들며 감소하는 것이 확연하기 때문이다. 그러나 〈그림 1〉은 특정 시점에서 서로 다른 연령대의 경제활동 선택을 보여주는 '스냅샷'이기 때문에 같은 출생 집단이 생애주기에 따라 어떤 선택을 하는지는 보여주지 못한다. 예를 들어,

1974~1979년 출생 집단은 〈그림1〉에서 2000년에는 20~24세, 2005년에는 25~29세, 2010년에는 30~34세 등과 거의 맞아떨어지고, 역시 M자형을 보인다.

3 "30대 여성 고용률 역대 최고…10년새 'M-커브'가 달라졌다", 〈중앙일보〉, 2023년 5월 8일. 이 기사의 내용은 위의 미주 2)에서 설명한 것처럼 2023년 당시 서로 다른 연령대의 여성 고용률을 보여준 '스냅샷'에 대한 것이다. 30대 고용률이 높아지면서 푹 꺼지는 지점이 사라졌다는 것이다.

4 《평등으로 가는 여정》, 민경자 저술, 장도송·이한순 구술, 2022년, 나눅출판사, 29쪽.

5 《커리어 그리고 가정Career and Family》, 클라우디아 골딘, 2021년, 생각의힘, 17쪽. 클라우디아 골딘은 "여성 노동시장 결과에 대한 이해를 발전시킨 공로"로 2023년에 노벨 경제학상을 수상했다.

6 이 책의 대졸은 4년제 대학교 졸업 이상을 의미한다. 대학원 이상의 학력자를 경제활동인구조사에서 구분한 것이 비교적 최근이기 때문에 대졸은 대학교 졸업부터 박사학위 소지자까지 모두 포함한다.

7 국립여성사전시관은 2002년에 이전 개관했다. 규모는 크지 않지만 전시는 알차다. 이 책을 쓰면서 2023년 특별전시 도록을 수시로 펼쳐 보았다. 흑백 사진 속 여성들의 모습과 당시 신문 기사들은, 직접 살아보지 못한 시대와 삶, 결코 가벼이 여겨져서도 곡해되어서도 안 될 이야기를 쓰는 우리가 헛디디거나 길을 잃지 않도록 버팀목이 되어주었다. 전시관 홈페이지는 전시 도록, 구술영상자료, 온라인 전시 VR 열람까지 풍부한 내용을 제공한다. 교육 프로그램도 운영하고 있고 자원 봉사도 가능하다. 이벤트와 공모전도 있어서 참여적 관람

이 가능하다. 1층 책방은 전시도 관람하고 책도 읽을 수 있는 공간이다. 일하는 여성을 주제로 한 특별전시가 2030년까지니 꼭 들러보시길 추천한다. 이 책의 독자들과 함께 하는 관람 이벤트를 열 수 있으면 더할 나위 없는 영광이겠다. 은평구에 위치한 한국여성정책연구원 내에 국립 여성사박물관을 건립하는 사업이 2012년에 시작되었는데, 예산 문제로 개관이 계속 미뤄지고 있다. 2026년 목표로 개관 준비는 진행 중이고 자료 기증을 받고 있다. 실제로 언제 개관이 될지는 낙관하기 힘들다. 박물관 건립을 주도하는 성평등가족부가 부처로서 힘이 크지 않고 폐지 기조에 몇 년을 시달린 탓이다. 이 사업에 대한 국민적 관심과 지지도 그리 크지 않다. 서대문구에 위치한 국립대한민국임시정부기념관은 2022년에 개관했다. 건립이 결정된 것이 2017년인데 일사천리로 진행되었다. 코로나19 와중에도 공사는 쉬지 않았다. 서대문형무소 역사관을 내려다보는 웅장한 건물이다. 대한민국 임시정부가 대한민국 여성사보다 역사적, 사회적 의미가 더 크다고 하면 굳이 입씨름을 하지는 않겠지만, 국립 여성사박물관의 딱한 처지와 대비되는 건 어쩔 수 없다.

8   여성의 권리, 경제활동 참여의 주요 법제도와 정책의 변화, 발전 과정은 한국여성정책연구원에서 발간한 《사회발전을 향한 영성통합 30년의 성과와 전망 II – 한국여성사 주요 연표》(2021년 연구보고서 22-별책)을 참고했다. 《한국 근현대 여성사 – 정치사회》편은 두 권의 시리즈 단행본으로 개화기부터 1980년까지 시기별로 여성의 지위와 역할, 여성운동의 정치, 경제, 사회적 맥락을 상세하게 짚어준다. 당시의 사료들과 통계자료를 풍부하게 수록하고 있고 〈여성과 경제〉라는 별도의 장을 할애하여 가장으로서, 빈곤 탈출과 부강한 나라 건설, 그리고 새마을운동의 주체로서 여성들의 전방위적 활약상을 이해하는 데 아주 유익하다(전경옥, 유숙란, 김은실, 신희선 지음, 모티브북). 《글로벌시대에 읽는 한국여성사》는 원시고대사회부터 2016

년까지의 역사를 "여성, 통제, 주체"라는 키워드로 엮었다. 흥미로
운 사료들와 한국 여성사 주요 연표, 참고문헌이 제공된다(정현백, 김
선주, 권순형, 정해은, 신영숙, 이임하 지음, 사람의무늬). 우리 사회의 근
대화, 민주화, 산업화, 그리고 노동운동과 여성운동이 한데 얽혀 흘
러온 굵직한 역사적 흐름 위에 이 책이 놓여져 있으므로 함께 일독을
권한다.

9   저자들 또한 이 전통에서 완전히 자유롭지 않은 학창시절을 보냈다.
    지금은 없어진 고등학교 가정 과목에서 한복 동정 달기, 옷 재단하
    기, 바느질, 영양, 요리 같은 내용을 배웠던 기억이 있다. 남학생들은
    배우지 않는 과목이었다. 우리의 자녀들은 2000년대 중반에 출생한
    Z세대에 속하는데 초등학교 때 '가정과 기술'이라는 통합과목을 배웠
    다. 여성은 가정을, 남성은 기술을 배우던 교육과정이 한 세대 만에
    한 과목으로 합쳐졌지만, 아이들의 학습지에는 신문을 읽는 아빠와
    앞치마를 두른 엄마가 등장했다. 동화책에도 두 아이가 낚시를 가면
    남자 아이는 편한 복장에 낚시대를, 여자 아이는 예쁜 원피스를 입
    고 간식 바구니를 들고 있는 그림이 있었다. 1집단과는 근 50여 년의
    시차가 있는 Z세대에게, 성평등은 책 속에서 꽤 진리로 자리 잡았으
    나 현실에서는 여전한 미완이고 알게 모르게 공식, 비공식적으로 학
    습된 이미지들, 경험들과의 충돌 그리고 마찰을 수반하는 바로잡음
    이다.

10 기획전 자료에는 처녀 좌담회로 되어 있다. 대담자와 참석 여성의 실
    명이 노출되어 있으나 여기서는 실명은 생략하고 잡지에 실렸던 글
    을 재구성했다. 잡지 원문은 국립중앙도서관에서 열람할 수 있다.

11 미주 1)에서 설명한 것처럼 경제활동참가율은 생산가능인구(15~65
    세 인구) 중 경제활동인구(취업자＋구직 중인 실업자)의 비율이다. 미혼

율은 정확하게는 '배우자가 없는 비율'을 뜻한다. 통계청 조사에서는
혼인 상태를 미혼, 유배우, 사별, 이혼으로 구분하기 때문에 '배우자
가 없는 비율'은 '유배우'를 제외한 미혼, 사별, 이혼의 경우를 포함
한다.

12 물론 각 집단의 경계에 있는 몇 년은 애매한 부분이 없지 않다. 특히
1962~1964년생은 그 이전 출생자들과 경제활동 패턴에서 차이가 있
었다. 또한 이들을 경계로 베이비부머 1세대와 2세대가 구분되는 것
은 그들 출생 인구가 줄었기 때문이다. 이는 1960년 4.19혁명, 1961
년 5.16 쿠데타 등과 무관하지 않을 것으로 보인다. 여하튼 이들이
이후 출생 집단보다는 앞선 출생 집단과 가까웠기 때문에 1집단에 포
함시켰다.

13 이화여자대학교의 '금혼학칙'이 없어진 때는 2003년이다.

14 "본부장부터 부행장까지 '여풍당당'", 〈시사저널〉, 2012년 7월 10일.

15 〈여성 관리자 현황과 과제〉,《KLI 패널브리프》, 2018년 9월 17일, 한국
노동연구원.

16 "삼성 '대졸 여성공채 1기' 첫 임원의 조언 '끝까지 물고 늘어져라…
남녀 차이 인정하라", 〈한국경제신문〉, 2013년 9월 1일.

17 "(맥 여성시대) 법조인, 80년대 폭증, 현역 90%가 20~30대", 〈조선일
보〉, 1993년 10월 30일

18 "여성 사시합격률 10년새 3배 증가", 〈한겨레〉, 2005년 9월 24일.

19 "행시 합격자 38%가 여성", 〈부산일보〉, 2004년 11월 9일.

20 "禁女의 벽 깬 30년… 다시 태어나도 여자, 공무원이 되겠다", 〈조선일보〉, 2023년 5월 6일.

21 "[Why?] 포스코 첫 여성 공장장 오지은 씨", 〈조선비즈〉, 2007년 5월 11일.

22 "은행 대졸공채 첫 '女超'", 〈경향신문〉, 2004년 11월 26일.

23 "성적보다 현장 수요…서류–면접과정서 남성 합격 늘려", 〈동아일보〉, 2009년 9월 26일.

24 《고학력 경력단절여성의 일자리 창출을 위한 정책 과제》, 오은진·김종숙·김난주·이상돈·김지현, 2008년, 한국여성정책연구원

25 《조부모 영유아 손자녀 양육실태와 지원방안 연구》, 이윤진·권미경·김승진, 2015년, 육아정책연구소.

26 의료법 제20조의 '태아 성 감별 행위 등의 금지'는 2024년 초 위헌 확인이 되었다.

27 '대학설립 준칙주의'란 쉽게 말해 대학 설립을 위한 최소한의 요건을 갖추면 설립을 허락하는 제도이다. 1995년 5월 31일 발표된 '교육개혁방안' 중 하나로, 정부는 1996년 7월 〈대학설립운영규정〉을 제정·공포하여 일정 규모의 학생 정원 시설을 확보해야 설립이 가능한 대학설립 예고제에서 대학의 설립의 준칙주의로 전환했다. 이후 10년 동안 4년제 대학교 42개, 대학원대학교 36개가 설립되었고, 개교일 기준으로 대학교 입학정원 1만 5천여 명, 대학원 입학정원 1,900여 명이 증가했다(〈대학설립 준칙주의 공과분석〉, 임연기, 《교육행정학 연구》, vol.26, no.4, 2008, pp.147-167).

1 가족계획사업이 경제개발계획 차원의 국가시책으로 채택된 것은 1961년이다. 인구 구조와 인구 정책의 시기별 변화상은 《한국 인구 정책 변천과 시대적 함의》(이삼식, 2020), 《우리나라 인구의 어제, 오늘, 그리고 내일》(김태헌, 2012)를 참고. 가족계획사업은 기본적으로 급격한 인구증가가 경제·사회 발전에 저해요인이 된다는 인식으로 출발했기 때문에 산아 제한이 본질이었다. 따라서 피임약제 기구의 수입금지조치가 해제되고, 국내에서 생산도 시작됐다. 제1차 5개년 계획기간(1962~1966년)에는 1,473개 읍·면에 가족계획 계몽요원을 배치할 정도였고, 제2차 5개년계획기간(1967~1971년)에는 전국 리·동 단위에 총 26,000개 어머니회가 조직되어 지역사회 구석구석에 홍보가 이루어졌다. 가족계획사업은 1989년에 공식적으로 폐지되었지만, 산아제한 정책은 더 유지되었고 의식의 잔재는 오래 남았다.

2 '인구 보너스demographic bonus'의 반대 의미로 '인구 오너스demographic onus'라는 신조어가 생겼다. 인구 보너스가 생산가능인구(15~64세)가 증가해 노동 공급이 늘고 소비가 견인되는 현상을 뜻한다면, 인구 오너스는 반대로 생산가능인구가 감소하며 경제성장이 지체되는 현상을 뜻한다. 영어의 onus는 '책임, 의무, 부담' 등의 뜻을 갖는다.

3 M세대는 이 책에서 4집단에 해당된다. 경제활동인구조사 자료에서 대졸 여성의 연령대별 경제활동참가율 추세를 출생 집단 별로 살펴보고, 그를 기반해서 M세대를 1985년~1996년 출생 집단, Z세대를 1997년~2009년 출생 집단으로 구분했다. 서울대학교 인구학자인 조영태 교수는 M세대를 1986년~1996년 출생 집단, Z세대를 1997년~2012년 출생 집단으로 구분했고(《인구 미래 공존》, 북스톤, 2021), 한국청소년정책연구소는 1983년~1995년 출생 집단을 M세대, 1996

년~2009년 출생 집단을 Z세대로 구분했다(《코로나19 시대 MZ세대의 사회성 발달 연구》, 최정원, 2022). 약간의 차이는 있지만 대략 M세대 는 1980년대 중반에서 1990년대 중반, Z세대는 1990년대 후반에서 2010년 출생 집단으로 보면 무리가 없다.

3장

1 〈입시제도의 변화: 누가 서울대학교에 들어오는가?〉, 김광억·김대 일·서이종·이창용, 《한국사회과학》 제25권 제1·2호(2003), 서울대 학교 사회과학연구원, 3~187쪽.

2 '여행원'에 대한 이 단락의 내용은 1장 미주 4)에 언급한 2022년 출 판된 《평등으로 가는 여정》(민경자 저술, 장도송·이한순 구술, 나녹출판 사)을 참고하였다.

3 당시의 통념은 이랬다: 결혼하기 가장 좋은 나이의 상한은 스물여섯, 시옷으로 끝나는 마지막 나이다. 비읍으로 끝나는 나이는 위기다. 스 물아홉은 아홉수여서 피해야 한다. 나이의 앞자리가 3으로 바뀌면 "나이가 좀 많네"라는 말과 함께 소개팅과 선 자리가 뚝 끊겼다. 결 과적으로 대학교 졸업과 버진로드까지 사회적으로 허용된 시간은 대 략 3~4년뿐이었다.

4 육아휴직제도는 1987년 남녀고용평등법이 제정되면서 도입됐다. 하지만 법과 현실은 거리가 있었다. 예컨대 우리 중 한 명이 출산한 2005년 당시 출산 후 최대 1년까지 유급 육아휴직이 법제화되어 있 었지만, 대학교에 육아휴직급여 지급을 위한 예산이 따로 마련되어 있지 않았다. 고용노동부 법령을 제시하며 육아휴직 유급화를 요청 해서 휴직 2개월 때 급여를 받을 수 있었다. 그러나 당시 급여 상한액 이 월 40만 원이어서 복직을 서두를 수밖에 없었다. 육아휴직기간을

고용계약기간에 포함할 것인지, 휴직기간만큼 연장할 것인지, 휴직
기간을 재계약이나 승진심사에서 어떻게 산정할 것인지도 명확하지
않았다. 재계약을 위한 최소한의 업적 기준이 정해져 있기 때문에 육
아휴직 기간에 비례해서 업적 기준을 낮추지 않으면, 육아휴직을 길
게 쓸수록 재계약에 불리해지는 구조였다. 재계약을 앞둔 직원이 업
적 기준을 바꿔달라고 요구하기도 쉽지 않은데 더구나 육아휴직을
유급으로 받을 예산을 따로 마련해달라 엄두를 내기는 어려웠다.

5   미주 2)의 책, 220~221쪽.

1   '연세대 사태'는 1996년 8월에 한총련(한국대학총학생회연합)이 연세
     대학교 신촌캠퍼스 교정을 점거하여 대규모 폭력 농성 시위를 벌인
     사건으로, 이 사건을 계기로 이미 상당히 약화된 한국의 학생 운동권
     이 대중과 여론의 외면을 받고 몰락의 길로 접어들었다는 것이 중론
     이다. 당시 한총련 등이 광복절을 기념하여 제7차 8.15 범민족대회
     및 범청학련 통일대축전 남측 행사를 연세대학교에서 개최하고자 했
     는데, 정부가 범청학련 통일대축전을 이적 집회로 규정했음에도 행
     사가 강행되고 연세대학교가 봉쇄되면서 학생들과 경찰이 무력 충돌
     했다. 8월 12일부터 20일까지 경찰은 총 5,848명을 연행하여 462명
     을 구속하고 3,341명을 불구속입건, 373명을 즉심에 넘기고 1,672명
     을 훈방했다고 한다. 수십 명이 실형을 살았고, 경제 5단체에서는 연
     세대 사태에 가담한 학생들의 취업을 제한하는 기준에 합의하기까지
     했다가 위헌 소지가 있고 강제성은 없어 흐지부지됐다.

2   2014년에서 2022년까지의 기간 동안 30대 여성의 경력 단절 확률은
     30% 수준에서 17%까지 줄어들었다. 하지만 자녀가 있는 경우로 한

정하면 감소 폭은 4%포인트에 불과하다. 자녀가 없는 30대 여성의 경력 단절 확률이 33%에서 9%까지 감소한 것과 큰 차이다. 결혼을 했더라도 자녀가 없다면 경력단절 가능성이 많이 낮아진다는 뜻이다. 자녀가 있는 여성과 자녀가 없는 여성 간의 경력 단절 격차가 클수록 합계출산율이 낮아지는 경향이 있다(〈여성의 경력 단절 우려와 출산율 감소〉, 조덕상, 한정민, 《KDI Focus》, 2004년).

3 《고학력 경력단절여성의 일자리 창출을 위한 정책과제》, 오은진·김종숙·김난주·이상돈·김지현, 2008년, 한국여성정책연구원.

4 2019년에 조사된 바에 따르면 육아휴직자의 비중은 아이가 0세일 때 전체의 64.5%였고, 6세일 때 7.4%였다. "2019 일·가정 양립 지표", 통계청 2019년 12월 18일 보도자료.

5 '시월드'는 시집과 세상world를 합친 용어로, 온라인상에서 유행하다가 2012년 KBS 2TV 주말연속극으로 방영된 '넝쿨째 굴러온 당신'에 등장하고, 이 드라마가 시청률이 40%가 넘어갈 정도로 인기를 끌면서 많은 사람들이 알고 쓰게 되었다.

6 〈경력단절여성 등의 경제활동 촉진법〉에 따라 3년에 한 번씩 '경력단절여성 등의 경제활동 실태조사'가 이뤄진다. 이 책에서 인용된 자료는 2022년에 실시된 실태조사 결과이다.《2022년 경력단절여성 등의 경제활동실태조사》, 오은진·이승현·정성미·이태·이서현·김효경·이기재, 2022년, 한국여성정책연구원.

7 미주 2)에서 언급한 조덕상, 한정민(2024)의 연구에 따르면, 여성과 남성의 고용률 차이가 줄어든 것이 2013년에서 2019년 기간 동안 합계출산율이 감소하게 된 중요한 원인이었다.

5장

1 '지혜'는 대법원이 출생 신고된 이름을 모두 분석한 결과 1980년대에 가장 인기 있는 여자 이름이었다. "시기별 선호 이름… 1940년대 영수·영자에서 2010년대 민준·서연", 〈연합뉴스〉, 2016년 5월 9일.

2 4집단인 M세대는 1.6명대 수준이기는 하나 합계출산율의 급격한 변동이 없으면서 절반의 확률로 1명의 형제·자매와 함께 성장했다. Z세대는 초저출생 사회의 외동아이들이다.

3 남녀 출생 성비는 여아 100명 당 남아가 몇 명 태어났는지로 표시한다. 자연적인 출생 성비는 105 정도이다. 초음파 태아 성 감별이 시작되고 1985년 남녀 출생 성비가 109.4에 이르자, 1987년 의료법에 태아 성별 고지를 금지하는 제20조 제2항이 도입된다. 그러나 1990년 출생 성비는 116.5로 상승한다. M세대 출생 성비 문제는 셋째아 이상에서 특히 두드러졌다. 1990년 첫째아 성비가 108.5인데, 셋째아 성비는 189.9, 넷째아 이상 성비는 209.9에 달한다. 부산과 대구의 셋째아 성비는 무려 260.7과 392.2였다. 출생 성비가 자연 성비로 볼 수 있는 107 이하로 하락한 것은 1997년 출생 이후, 즉 Z세대부터다. 하지만 Z세대의 막내인 2006년 셋째아 이상 성비는 121.9로 여전히 높다. 셋째아 출생 성비가 자연 성비 범위 안으로 들어온 때는 2014년 이후다.

4 외환위기로 국제통화기금IMF의 구제금융을 받기 직전인 1997년 12월 국내 실업률은 3.1%, 실업자 수는 65만 8,000명이었다. 그러나 이 수치가 한 달 만에 각각 4.5%, 93만 4,000명으로 훌쩍 뛴다. 한 달 새 실직자가 27만 명 늘어난 것이다. 실업자 수는 1998년 2월 사상 첫 100만 명(123만 5,000명)을 돌파하고 약 25개월간 100만 명대를 유지했다. "외환위기 땐 한 달 새 실업자 27만 명 급증", 〈매일경제신

문〉, 2020년 3월 25일.

5   경제협력개발기구OECD에서 사용하는 이혼율 계산 방식은 조이혼율
     로, 인구 천 명당 해당 연도에 발생한 이혼 건수이다. 1990년 조이
     혼율은 1.1이었다. 인구 천 명 중 이혼한 사람이 2.2명 늘었다는 뜻
     이다. 1997년에 2.0으로 상승한 조이혼율은 더욱 가파르게 올라가
     2003년에 3.4로 정점을 찍는다. 특히 이혼이 집중된 연령대가 있는
     데, 1990년대~2007년에 그러한 연령대가 여성은 30대, 남성은 30대
     후반에서 40대 전반이다. 조이혼율이 정점에 달한 2003년 30대 여성
     천 명 당 이혼 건수는 17에 가까웠고, 35~44세 남성 천 명 당 이혼
     건수는 16을 넘었다. 외환위기 직후부터 2000년대까지 해당 연령대
     의 남녀 조이혼율이 10을 대체로 넘었기 때문에 누적적으로 상당한
     이혼자와 이혼 가정이 발생한 것이다.

6   국가데이터처(구 통계청)는 사교육에 대한 통계를 2007년도부터 조
     사·발표하기 시작했다. 2007년도 일반고 사교육 참여율은 62%였
     다. 이 수치는 2008년 글로벌 금융위기를 지나며 2013년 55.9%
     까지 떨어졌지만 이후 다시 상승추세로 돌아서 2024년엔 73.4%
     를 기록했다. 일반고 사교육에서 가장 참여 비율이 높은 과목은 항
     상 수학이었고(2007년 46.4%→2024년 53.5%), 다음이 영어다(2007년
     40.3%→2024년 48.8%). 영어의 경우 2018학년도 입학 수학능력시험
     부터 절대평가가 도입되는 내용이 2014년 말 발표되어, 2015년에는
     일반고 영어 사교육 참여율이 32.8%까지 떨어졌다가 이후 급격하게
     회복된다.

7   대학 진학률은 2007년까지 상승일로에 있었다. 이는 1995년 대학설
     립준칙주의 시행에 따라 대학 입학정원이 급격하게 증가했기 때문
     이다. 남학생의 경우 대학 진학률이 2007년에 정점을 찍고 2019년
     까지 10년 이상 하락하다가 반등했는데, 여학생은 2007년부터 60%

                              결혼 옵션 세대

대 후반에 안정적으로 머무르다가 2020년부터 70%를 돌파했다. 결과적으로 여성과 남성의 대학 진학률은 2015년에 역전되어 이후 여성이 더 높은 상태를 유지하고 있다. 사실 여학생의 고등교육 이수율이 높은 것은 선진국들에서 공통적으로 관찰되는 현상이다. 예를 들어 2022년에 출간되고 한국에서는 2025년에 번역된 《소년과 남자들에 대하여》(리처드 리브스 저, 민음사)가 남성의 전반적인 어려움에 대해 다루어 국내에서도 주목받았다.

8 2009년에 '이화여대 법학전문대학원' 모집요강이 발표되자 로스쿨 수험생 두 명이 헌법소원을 냈다. 이대 로스쿨이 여성만 입학자격요건을 갖도록 해 평등권, 직업의 자유와 교육받을 권리 등을 침해했다는 취지였다. 헌법재판소는 2013년 이대 로스쿨이 여성만 입학하도록 한 것이 합헌이라고 결정했다. 2020년에는 여자대학교에 약대 정원이 배정된 것이 합헌이라는 결정도 나왔다.

9 1998년 들어온 김대중 정부는 외환위기를 극복하는 과정에서 IT산업을 강조했고, 초고속 인터넷을 빠르게 보급했다. 2001년에는 경제협력개발기구OECD와 국제전기통신연합ITU이 한국을 초고속 인터넷 보급률 세계 1위 국가로 인정하기도 했다. 미국에서는 1990년대 중반부터 '.com'으로 상징되는 정보통신 관련 기업들이 각광을 받고 있어서 한국의 인터넷 인프라는 특히 관심을 모았고, 우리나라에서도 '벤처 붐'이 일었다. 2000년 미국에서 '닷컴 버블'이 꺼지지만 이후 선진국에서 국가 경제의 성장 주도 산업은 과거의 제조업에서 멀어지게 됐다. 한편 중국이 2001년에 세계무역기구WTO에 가입하면서 전 세계 공급망에 발을 들였고 우리나라의 제조업은 점차 중국에게 경쟁력을 잃게 된다. 이러한 누적적 영향의 결과 수도권의 청년인구 비율이 2003년에 비수도권을 앞지르고, 국내총생산GDP 중 수도권 비중이 2015년부터 비수도권을 넘어선다.

10 "올해 상장기업 입사 경쟁률 '앗 뜨거'…평균 88대 1에 최고 경쟁률은 1500대 1", 〈헤럴드경제〉, 2012년 12월 20일.

11 미주 9)에서 설명한 것처럼 국내총생산에서 수도권 비중이 2015년부터 비수도권을 추월한 이후 그 격차는 점점 벌어지고 있다. 사람도 돈도 수도권으로 모이다 보니 집값 상승률도 격차가 생겼다. 한국부동산원의 '아파트 매매 실거래가격지수' 통계를 보면, 2015년까지 아파트 매매 가격은 서울과 전국이 크게 다르지 않았다. 2006년 1월부터 2015년 12월까지 아파트 매매 가격은 서울이 44.3%, 전국이 59.7% 상승했다. 그러나 이후 서울 아파트 가격 상승이 두드러진다. 2016년 1월부터 2025년 6월까지 서울은 115.2% 상승한 반면 전국은 31.7% 상승에 머물렀다.

12 테토녀/에겐녀, 테토남/에겐남은 2025년 중반 크게 유행하기 시작한 신조어로 '테토'와 '에겐'은 테스토스테론(남성 호르몬)과 에스트로겐(여성 호르몬)을 줄인 단어다. 성 호르몬에 따른 특징을 토대로 성격 유형을 나눈 것으로 테토녀/테토남은 주도적이고 직설적인 여성과 남성을, 에겐녀/에겐남은 섬세하고 부드러운 여성과 남성을 뜻한다.

13 '버닝썬 사건'은 2018년 말 서울 강남의 '버닝썬'이란 클럽에서 발생한 폭행사건을 시작으로 유흥가와 경찰의 유착, 유명 연예인들의 마약 및 성매매 알선, 불법 촬영 및 유포 등으로 번진 일련의 사건이다. 'N번방 사건'은 2019년에 드러난 텔레그램을 통한 성 착취물의 제작 및 유통 사건이다. 이 사건의 경우 불법 성 착취물 소비자가 26만 명에 이른다는 공신력 있는 언론사들의 보도로 더욱 충격을 줬다.

14 대한생식의학회 홈페이지 일반인공간〉임신과 불임

15 건강보험심사평가원 보도자료, "심사평가원, 국내 최초 난임시술 통

계 발표", 2025년 3월 26일.

16 다태아 출산율은 분만 1천 건당 다태아 출산 건수로 계산하는데, 2023년 한국의 다태아 출산율은 26.9건으로 세계 다태아 출산율 데이터The Human Multiple Births Database, HMBD에 포함된 국가 중 그리스(29.5건)에 이어 두 번째로 높았다. 세쌍둥이 이상 고차 다태아 출산율은 2023년 0.59건으로 HMBD에 포함된 국가 중 가장 높은 수준이었다. 한국보건사회연구원 보도자료, "한국, 다태아 출산율 세계 2위… 고위험출산과 양육부담 높아 정책적 관심과 지원 필요", 2025년 8월 25일.

17 1998년 외환위기를 지나며 1.5명 아래로 내려앉은 합계출산율은 반등하지 못하고 2001년에 1.3명대로, 2002년에는 1.2명 아래로 소수점 첫째 자리를 매년 갈아치웠다. 결국 2005년에 1.09명, 역대 최저 합계출산율을 찍으면서 우리나라는 전 세계적으로 가장 낮은 수준의 합계출산율로 서글픈 유명세를 누리기 시작한다. 한때 저출생 연구 사례 대표주자였던 프랑스, 일본도 이렇게 낮은 합계출산율을 기록한 적이 없다. 우리나라의 합계출산율이 프랑스, 일본보다 낮아진 첫 해가 1985년이다. 1996년까지는 세 국가의 합계출산율이 비슷한 수준에서 엎치락뒤치락을 했다. 이후 프랑스는 1.7명 선을 유지한 반면 우리나라와 일본은 합계출산율이 계속 하락했다. 결국 2002년에 우리나라가 일본보다 합계출산율이 낮아진다. 프랑스는 2010년에 2명대까지 합계출산율 반등을 이뤘다가 최근 1.64명대가 되면서 자체 최저를 찍었다. 일본은 큰 반등은 없지만 2015년 1.42명, 2024년 1.22명에서 선방하는 중이다. 합계출산율이 조금씩 낮아지고는 있지만 두 국가 모두 1명 미만의 합계출산율 기록은 없다. 합계출산율이 0.2명이 무슨 큰 의미가 있겠는가 싶을 수 있지만, 이 0.2명은 대한민국 인구가 반으로 감소하는 시점을 32년 후에서 44년 후로 12년

이나 뒤로 물릴 수 있을 만큼 큰 차이다(출처: UN https://population.
un.org/wpp, World Population Prospects 2024).

6장

1   〈초저출산 및 초고령사회 극단적 인구구조의 원인, 영향, 대책〉, 한국
     은행, 2023년 11월, 《중장기 심층연구》 참조.